이화형 교수의 기생 이야기 ❶

꽃이라 부르지 마라

이화형 교수의 기생 이야기 ❶

꽃이라 부르지 마라

1판 1쇄 인쇄 · 2019년 8월 10일
1판 1쇄 발행 · 2019년 8월 15일

지은이 · 이화형
펴낸이 · 한봉숙
펴낸곳 · 푸른사상사

주간 · 맹문재 | 편집 · 지순이 | 교정 · 김수란
등록 · 1999년 7월 8일 제2-2876호
주소 · 경기도 파주시 회동길 337-16 푸른사상사
대표전화 · 031) 955-9111(2) | 팩시밀리 · 031) 955-9114
이메일 · prun21c@hanmail.net
홈페이지 · http://www.prun21c.com

ⓒ 이화형, 2019

ISBN 979-11-308-1451-3   03300

값 13,900원

이 도서의 국립중앙도서관 출판예정도서목록(CIP)은 서지정보유통지원시스템 홈페이지(http://seoji.nl.go.kr)와 국가자료공동목록시스템(http://www.nl.go.kr/kolisnet)에서 이용하실 수 있습니다.(CIP제어번호: CIP2019029816)

지식에세이

5

이화형 교수의 기생 이야기 ❶

꽃이라 부르지 마라

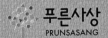

푸른사상
PRUNSASANG

우리도 인간이다

나는 남성이지만 오랫동안 여성 문제에 관심을 갖고 연구를 해 왔다. 이 세상을 더불어 살아가는 여성들이 남성에 비해서 차별과 억압을 당하고 있는 현실에 대한 비판적 인식이 바탕이 되었다. 그리고 다른 한편으로는 인간이 인간답게 살아갈 수 있는 가능성을 여성이 가진 다양한 미덕들에서 찾을 수 있다는 생각이 있었다.

그중에서도 한국연구재단의 지원으로 12명의 팀을 꾸려 3년간 근현대 여성 잡지를 모두 검토하여 『한국 근대여성들의 일상문화』(전9권, 2004)와 『한국 현대여성들의 일상문화』(전 8권, 2005)를 출간함으로써 방대한 자료를 정리한 것은 참으로 보람 있는 일이다. 그 뒤로 『뜻은 하늘에 몸은 땅에』(2009), 『여성, 역사 속의 주체적인 삶』(2016) 등으로 여성 연구는 계속되었다.

그러나 이러한 연구들이 대중들과는 거리가 있다는 점이 늘 아쉬웠던 차에 좀 더 많은 독자들과 소통하기 위한 책을 써야겠다는 생각이 들었다. 학술서의 한계를 넘어 한국 여성에 관한 지식을 다양한 독자들과 공유하려는 의도로 '지식에세이'라는 이름의 총서(9권) 출간을 기획하였다. 그래서 2017년 1차로『주체적 삶, 전통여성』,『융합적 인재, 신사임당』,『강직한 지식인, 인수대비』등의 세 권의 저서를 간행했다. 그리고 이번에 '기생'에 관하여 세 권의 책을 세상에 내놓게 되었다. 1권은 총론이고, 2권과 3권은 기생을 대표하는 황진이와 이매창에 관한 것이다.

몇 년 전 예인이라는 뜻을 지닌 게이샤(藝者)를 보기 위해 교토를 찾아간 일이 있다. 단순한 호기심을 넘어 역사 속의 기생이 오늘의 문화로 살아 있다는 게 참으로 부러웠다. 우리의 경우는 일제강점기까지 살아 있었던 기생이 지금은 완전히 자취를 감추고 말았다. 물론 조선의 많은 기생들이 생계 수단으로 남자들의 유흥을 돕고 성을 제공했으며 일제 시기 창녀로 전락하는 불운을 겪기도 했으나, 국가의 연예를 책임지는 역사적 정당성을 갖고 존속했던 기생이 오늘날 전혀 남아 있지 않은 것은 애석한 일이다.

밥이나 얻어먹고 교육을 받지 않는다면 짐승과 다를 바 없다며 교육에 적극 참여하고 사회적 활동을 전개하던 신여성이 등장하기 이전에 기생들은 이미 그러한 의식과 행동을 보여주었다. 기생들은 해방 시기까지 교방, 장악원, 권번 등에서 전문적이고 엄격한 교육을 받고 자신들의 공적 역할을 다하려 했다. 또한 가무를 비롯하여 시서화, 예절, 교양까지 철저히 익혀 예인으로 손색이 없는 엔터테이너로서 활약했던 기생들이야말로 오늘날 주목받고 있는 연예인보다 고품격의 예술인이었다.

　무엇보다 1920년대 신여성들이 '인간'임을 외치기 전에 기생들은 근대의 흐름과 더불어 '우리도 사람이라'는 새로운 자각 속에 『장한』이라는 잡지를 출간하기도 했다. 또한 근대의 신여성들이 마음만 깨끗하면 언제든 처녀일 수 있다며 '신정조론'을 주장하기 이전에 많은 기생들이 육체보다 정신적 순결이 중요함을 강조했다.

　더욱이 신여성들이 일제강점기 국권 회복을 위해 독립운동에의 기개를 보이기 이전에 기생들은 임병양란에서부터 해방시기까지 국난을 극복하기 위해 헌신하였다. 기생들은 유교정신에 반하는 외적 사치에도 불구하고 나름 충효열의 이념을 실천했던 것이다.

　기생들은 여성이자 최하위 신분이라는 몇 겹의 억압 속에서 꿋꿋하게 한국의 문화예술을 창조해왔고 사회적 자아로서의 책무를 다하고자 했던 문화적 역사적 선두주자로서 대우받아 마땅하다. 이 책에서는 자아를 망각하지 않고 정체성을 상실하지 않으려 최선을 다했던 기생들의 삶을 새롭고 정확하게 밝히는 데 주력하였다.

　이 책들이 나오는 데는 푸른사상사의 한봉숙 대표님은 물론 김수란 팀장을 비롯한 편집진의 노고가 있었다. 진심으로 감사드린다.

2019. 7.

이화형

책을 내면서   5

프롤로그   11

1   기생의 신분은 천하다   19

2   기생이 되고 싶다   24

3   기생은 국가의 연예를 책임졌다   37

4   기생은 사라지지 않고 번성해갔다   56

5   기생 교육은 전문적이고 엄격했다   73

6   기생의 몸치레와 노는 법은 다르다   93

7   기생은 대중문화예술을 이끌었다   131

8   기생은 정신적 순결을 중시했다   147

9   기생의 사랑은 슬프다   167

10   기생은 충효를 다했다   184

에필로그   197

프롤로그

일제강점기인 1936년 7월 연극 〈홍도야 우지 마라〉가 우리 나라 연극 공연의 기틀을 마련한 서울 동양극장에서 첫 선을 보였다. 광복 전 한국 연극사상 최다 관객을 동원한 작품으로 알려진 이 연극의 초연 당시 제목은 〈사랑에 속고 돈에 울고〉(임선규 작, 1936)였다. 1930년대에 권번(일제시기 기생조합)의 기생들이 자신들의 애환을 다룬 작품이라는 이야기를 듣고 극장에 몰려가 이 연극을 보면서 눈물을 쏟아낸 유명한 비화도 전하고 있다. 1965년 전택이(1912~1998) 감독의 영화로 재연되어 이 영화 상영 중에는 서울의 술집이 모두 문을 닫아야 했다.

홍도는 봉건 체제와 윤리 속에 살아온 자기의 참담한 처지를 한탄하며 울었다. 무지와 가난 때문에 버려진 하류계층의 인생, 집안을 위해 자신을 희생한 가련한 청춘이 서러워서 울었다. 비련의 여주인공 홍도는 오빠인 철수의 일본 유학자금 마련을 위해 고

심하던 중 명월관의 기생이 되고 그러던 어느 날 오빠 친구인 영호를 만나 사랑에 빠진다. 비극의 시작이었다. '사랑에 속고 돈에 울어야' 했던 존재가 바로 기생 홍도였다.

국가에 봉사하는 예인의 꿈을 갖고 스스로 좋아서 기생이 되기도 하지만 대개 집안이 가난하여 기생의 길을 선택했고, 허튼 수작을 하며 욕정만을 채우려는 사내들을 믿지 못하면서도 남자들을 상대하는 기회가 많다 보니 결국 사랑에 빠지고 아픔을 겪어야 했던 것이 기생이다. 극장을 가득 메우고 거리에 줄을 섰던 권번기생들은 자신을 영화 속의 주연인 홍도와 동일시함으로써 박복하고 고단한 삶을 위로받고 싶었을 것이다.

기생의 이미지에 대해 우리는 대략 두 가지 정도의 시각을 가질 수 있다. 신윤복(1758~?)의 〈연소답청(年少踏靑, 젊은이들의 봄 나들이)〉이라는 그림에서 보듯 사대부를 걸리면서 기생 자신들은 말을 타고 가는 모습처럼 당당하고 화려하게 산 여성들이라 느끼는 사람도 있을 것이다. 역시 신윤복의 그림에 등장하는 앳된 얼굴에 장죽을 물고 양반의 품에 안긴 무표정한 기생의 모습에서는 불우하고 천박했던 여성들이라 느끼는 사람도 있을 것이다. 하지만 모두 처연한 느낌을 갖게 한다는 점에서는 마찬가지라 하겠다. 기생은 전근대사회에서의 최하층이라는 신분적 멸시와 냉대, 일제강점기의 수난이라는 이중적 억압과 천대에서 벗어나기 힘든 존재이기 때문일 것이다.

그러나 기생에 대해 그와 같이 안타깝게 생각하고 부정적으로 인식하면서도 그렇게 만든 상황과 제도에 대해 아무렇지도 않은 듯이 넘어갈 수는 없다. 인간이 살아가는 데 필요한 것이 많다. 그 가운데 가장 중요한 것의 하나가 차별받지 않는 세상이다. 만일 우리가 권위적인 제도와 무비판적 추종 세력에 의해 부당한 대우를 받는다면 불행한 일이다. 더욱이 환경의 문제는 개인의 의지나 선택의 영역을 넘어서는 경우가 많다. 기생들이 살아오면서 사회에 끼친 불미스러운 작태와 그녀들이 겪어야 했던 고충의 상당 부분은 그릇되고 완고한 제도와 온당치 못한 사회적 인식의 문제였다. 그렇다고 그녀들이 사회적으로나 인격적으로 존중받지 못하는 것이 모두 남 탓만은 아닐 것이다. 그녀들 자신에게도 잘못이 있고 어느 정도 책임이 있다. 더구나 기생들 스스로 남을 원망하기에 앞서 자신들의 부족과 과오를 지적하면서 철저하게 성찰하고 비판하는 데서는 인간적 연민마저 든다.

　　1927년 기생들이 주도적으로 만든 잡지 『장한』이 창간되면서 기생 김월선(1899~?)이 쓴 '창간에 제하여'에는 이런 말이 있다. "조선의 기생은 하루 바삐 없애야 하겠으며 아니해야 하겠다. 그것은 기생 자신에 참담한 말로를 짓게 되며 일반사회에 많은 해독을 끼치는 까닭이다. 기생 자신을 위하여 또는 사회를 위하여 기생이란 제도가 어서 폐지되어야 하겠다." 그녀는 이와 같은 취지를 실현하기 위하여 『장한』을 발행하는 것이라고 했다. 이렇게 '기생이 없어져야 한다'고 말했던 것은 기생 자신들이었다.

자존감이 강한 자들만이 자신을 냉정하게 돌아보고 반성할 수 있다. 자존감 있는 기생들은 이처럼 스스로를 사회와 자신에 해악을 끼치는 존재로 고백한 것이다. 우리가 살면서 추구하는 것 중의 하나가 '정직'이 아닌지를 묻게 될 때 기생에게서 우리는 소중한 덕목을 발견하게 된다. 그리고 정직한 이들에게서 얻고자 하는 기대는 클 수밖에 없으며 지금부터는 그녀들에게서 '진실'을 포착하고 배울 수 있을 것이다. 다만 그녀들의 삶에 깃든 정직과 진실은 사태를 정확히 파악하는 데서부터 가치를 드러낸다. 이제 기생들의 자존감을 세워주고 명예를 돌려주어야 할 책임이 우리에게 있다.

기생이라고 하면 남성은 물론 누구나 성적 호기심을 갖고 대하는 경향이 있다. 과연 그게 합당한 것인가 따져볼 필요가 있다. 만일 그렇게 성적 관심을 충족시키는 대상일 뿐이라면 우리 역사와 문화 속에서 기생은 존재적 의의를 잃기 쉽다. 오랜만에 기생을 다룬 영화 〈해어화〉(감독 박흥식, 2016)에 아쉬움이 남는 것도 이와 무관하지 않다. 사랑하는 남자의 배신에 예인이었던 소율(한효주 분)은 속수무책 경성 최고의 권력을 지닌 경무국장 히라타 기요시에게 가버림으로써 하루아침에 기생이 창녀로 추락하는 행태를 보였기 때문이다. 기대했던 〈해어화〉는 기생으로서의 정체성을 살리지 못하고 삼각관계의 애정 문제로 영화를 단순화시키고 말았다는 느낌이 든다.

기생제도는 원천적으로 국가가 공적 연예를 위해 만든 것이다. 기생들의 존재 이유가 정당하고 분명했기에 기생들은 국가의 부름에 봉사하는 자부심도 컸다. 근대 기생 김일연도『장한』창간호에서 "최초 기생이란 제도가 사회에 생길 때는 반드시 동기와 이유가 있어서 생겼을 것이다."라고 하며 "옛날에는 그만큼 기생들의 품위와 지조가 고상하고 결백하여 만인의 일컬음을 받았다."고 주장한 바 있다.

그러나 신분 서열의 맨 밑바닥에 있고 업무상 연회의 흥을 돋우는 일을 하다 보니 거칠고 불안한 생활로 이어지기 쉬웠다. 더구나 기생들은 현실적으로 상류층 남성들의 성적 요구에 거절하거나 보호받을 수 있는 장치가 거의 없었다.『대동야승』에 따르면 연산군 때 기개가 있던 어사 유운(1485~1528)이 공주에 들렀을 때 예쁜 기생이 들어올 줄 알고 밤새도록 기다렸지만 고을 원이 어사의 서릿발 같은 위엄을 거스를까 두려워 감히 기생을 들여놓지 못했다. 다음 날 아침 어사는 "공주 태수가 위엄에 질려 / 어사의 풍정을 몰라보네. / 빈 관에 사람 없이 긴긴 밤을 지나고 보니 / 남쪽으로 행차한 맛이 중보다 더 싱거워라(公山太守惻威稜 御使風情識未曾 空館無人消永夜 南來行色淡於僧)."라고 시를 읊었다. 비리를 캐야 하는 암행어사까지도 성 상납을 바라는 인간 현실 속에서 기생은 별 재간이 없다. 고금이 다르지 않겠으나 결국 힘없고 돈 없는 많은 기생들은 생계를 위해 속물근성을 드러내며 살아가야 했다.

그렇다고 기생들이 불우한 제도에 얽매여 부정적으로만 산 것은 결코 아니었다. 18세 어린 나이에 조선의 최고 학자인 이황 (1501~1570)과 교유했던 단양기생 두향이의 이야기가 아련히 떠오른다. 학식이 뛰어나고 거문고와 시화에 재주가 있었던 두향은 단양군수를 지내며 9개월간 사랑을 나누던 이황이 풍기군수로 떠나자 평생 수절하다가 그가 세상을 떠나자 강선대에서 몸을 던져 목숨을 끊고 말았다고 한다. 임방(1640~1724), 남유용(1698~1773) 등 후세에 수많은 선비들이 그녀의 무덤 앞을 지날 때 술잔을 올리고 시를 읊은 것을 생각하면 숙연해지기도 한다. 물론 이황도 두향이 선물했다는 매화 화분을 애지중지하며 죽기 전 매화나무에 물을 주라 하고 눈을 감았다.

한편 천재 시인 임제(1549~1587)는 죽은 황진이의 무덤을 찾아가 제사 지내는 바람에 임지에 도착하기도 전에 파직을 당했고, 신숙주의 손자인 참판 신종호(1456~1497)는 한양기생 상림춘의 문 앞을 지나다가 시를 짓고서는 오랫동안 출셋길이 막혔다. 황진이나 상림춘 등 일류 기생들은 자색이 뛰어나고 시를 잘 지으며 거문고에 능하고 노래와 춤이 탁월한 만능 엔터테이너들이었다. 이런 것들을 생각하면 기생들의 인격과 재능과 매력이 어느 정도인지를 짐작케 된다.

기생은 일반 여성과 달리 사회 활동에 구속받지 않았고, 그 자유로움은 여러 분야의 빛나는 결과로 이어졌다. 무엇보다 기생들은 국가가 필요로 하는 악가무 중심의 공적 연예에 본분을 다하고자 함으로써 풍속을 해친다는 이유를 들어 기생을 없애려 했던 끈질긴 시도에도 불구하고 번성해갔다. 물론 시간이 지남에 따라 기생들은 생존을 위해 미소를 띤 채 남자들에게 술 시중들고 성을 제공했으며 일제 식민 세력에 의해 창녀로 취급받는 수모를 겪기도 했다. 그러나 많은 기생들은 꿋꿋하게 한국 고유의 문화예술적 전통을 창조적으로 계승하는 가운데 근대를 여는 선구자로서 20세기 중반까지도 연극 및 영화, 가요나 춤 등의 대중문화예술의 발전에 크게 기여해왔다.

특히 기생들은 교육기관인 장악원과 교방, 나아가 기생학교를 통해 엄격하고 전문적인 학습을 할 수 있었다. 철저한 교육을 통해 자신들의 타고난 예술적 재능을 유감없이 발휘할 수 있는 자질을 계발 연마해갔으며 교양 있는 예능인으로서의 면모를 드러낼 수 있는 품격을 수련해나갔다. 교육은 권번이나 기방, 요정 같은 현장에서도 부단히 이루어졌다. 시대를 관통하여 기생으로서의 위상을 떨어뜨리지 않으려 노력했던 것이다.

무엇보다 기생놀음이라는 현실적 상황과 공간에서 기생의 몸치레와 노는 법은 특별했다. 일반 여성과 달리 기본적으로 자색과 재주를 아름답게 가꾸었고, 언어적 유희와 시적 풍류를 통해 해학미를 창출했으며, 사랑놀음(성행위)에서는 에로틱하면서도 인간 정신이 깃든 세련되고 수준 있는 태도를 귀하게 여겼다.

기생들은 인간적 양심과 도의를 가지고 임에 대한 사랑과 정신적 순결을 지키고자 했고, 이러한 유교적인 정신은 부모에 대한 극진한 효행으로도 나타났으며 많은 기생들로 하여금 사회적 자아로서 국가적 위난에 직면하여 책임 있게 행동하도록 했다.

이 책에서는 역사의 실제에 가까운 이러한 기생들의 존재 이유와 삶, 교육적 목표와 실천 등을 통해 여성이자 천민에 해당되지만 남성이자 양반계급과 교류했던 이중구조를 지닌, 기생들의 정체성과 더불어 주체적인 모습을 낱낱이 파헤쳐볼 수 있다. 우리가 함께 살아왔고 또 소중한 정신을 갖춘 문화적 공동체로서의 기생집단을 올바로 이해하는 것이 온당한 지성인의 자세요 성숙한 문화인의 책무가 아닐까 한다. 책을 쓰는 이유도 여기에 있다.

이 책을 쓰는 데 특별히 이능화가 지은『조선해어화사』(이재곤 옮김, 동문선, 1992), 한재락이 지은『녹파잡기』(이가원·허경진 옮김, 김영사, 2007), 정병설이 지은『나는 기생이다』(문학동네, 2007) 등의 도움이 컸다.

1
기생의 신분은 천하다

기생은 원칙적으로 국가의 공적 필요에 의해 만들어졌으나 현실적으로 사사로이 성적 서비스의 역할에서 자유롭지 못했던 집단으로 인식될 만큼 미천한 신분이었다. 그리하여 법적으로 기생은 겉수청*만 허용되었지만 실제적으로는 살수청까지 들 수밖에 없었던 것이다. 기생은 국가적 연예 활동이라는 큰 역할 외에 겉수청이라는 공적 봉사와 살수청이라는 성적 접대의 모호한 경계지점에서 불안하게 살아가야 하는 사람들이었음을 말해준다.

평양기생 향애는 "손으로 대동강의 물을 덜어낼 수 있는 것처럼 / 기생이란 이름도 이 세상에서 도려내고 싶어라(手扶大同江上水 挍湔儂世妓兒名)"(『방시한집』)라고 한 바 있다. 한편 평양기생이었던 차옥은 용모가 수려하고 늘씬하며 언행이 호탕하고 씩씩했

---

* 본래 수청(守廳)이란 수령이 있는 방 밖에서 명을 기다리며 온갖 심부름을 하던 것이다.

다. 「죽지사」를 읊을 때는 목소리가 청아하여 듣고 있으면 흥이 났다. 어느 날은 술자리에서 질탕하게 떠들고 웃더니만 갑자기 정색을 하고 말했다. "전에 이 학사를 따라 한양에 올라가 있을 때 화려한 집에 비단 휘장을 치고 비단 치마를 끌며 온갖 부귀의 즐거움을 누렸지요. 그런데 다시 고향으로 돌아와 노류장화의 작태를 하고 있으니 인생이 어찌 슬프지 않겠어요?"(『녹파잡기』) 그렇게 차옥은 화려함과 즐거움에 가려진 기생의 비애를 한참 동안 서글퍼했다.

이러한 기생이 탄생하게 된 기원에 대해서는 『후한서』나 『수서』에 등장하는 고구려와 백제의 유녀, 『삼국사기』에 나오는 신라의 원화, 『고려사』·『성호사설』·『아언각비』에 나오는 고려의 전쟁 포로인 양수척 등으로 잡는 경향이 있다. 특히 기생의 탄생 연원을 무녀의 타락에서 찾는 견해가 있다. 즉, 고대 제정일치 사회에서 사제로서 군림하던 무녀가 정치와 종교의 권력이 분화되는 과정에서 기생으로 전락하였다는 것인데, 이 무녀기원설이 가장 일반적인 것으로 통용되고 있는 편이다. 사실 기생들이 두 손에 칼을 들고 춤추는 검무는 신들린 무당이 굿에서 칼을 흔들며 뛰는 모습과 다르지 않다.

삼국시대를 맞아 고구려의 경우 다른 여러 부족을 정벌해갈 때 피정복 마을의 부녀자들이 유녀로 전락했는데 이 유녀가 기생의 근원일 것이요 고구려의 고분벽화 〈무용도〉에 등장하는 예인 집단이 이를 입증해주고 있다. 정복전쟁 중에 포로로 잡힌 미모의 여성들이 변방에 있는 병사들의 위안부 역할을 했을 것이다. 백제의 경우 『북사』나 『수서』의 기록에서 가무를 담당한 기생이 존재했을 것이라고 보았다.

우리 기생의 역사에 관한 독보적인 자료라 할 수 있는 『조선해어화사』에서 저자인 이능화(1869~1943)는 누군가 신라 진흥왕 37년(576)에 비로소 받들기 시작한 원화가 기생의 근원이라 했음을 전하면서 "원화는 오늘날 기생과 같은 것이다."라 적고 있다. 국문학자인 장덕순(1921~1996)도 "애초에 원화제에서 남자 300명 속에 낀 두 미인은 남자들의 총애를 받으려고 서로 경쟁했을 것이 뻔했고 그래서 죽이고 죽는 비극이 일어났다. 이것은 미상불 기생족과 다를 바 없다."(『황진이와 기방문학』)고 하여 원화를 기생의 기원으로 보았다.

물론 기생의 기원이라는 원화는 화랑의 전신이었다. 처음에 300여 명의 청소년들로 구성된 원화의 우두머리로 임명된 사람은 남모와 준정 두 처녀였다. 준정이 남모를 질투한 나머지 자기 집으로 유인해 술을 먹여 취하게 한 다음 끌어내 개천에 돌로 묻어 죽였다가 발각되어 사형을 당하는 불상사가 일어났다. 이 사건으로 원화는 폐지되었으며 몇 년 후 화랑이 설치되어 그 역할을 계승하였다. 특히 원화를 군왕과 신하가 즐기는 자리에서 술을 따르고 노래를 부르며 춤을 추던 여자로 볼 때, 이를 기생으로 인식하는 것이다. 다만 원화는 양가의 규수 가운데서도 단체를 이끌 만한 아름답고 유능한 인재를 뽑았다는 점에서 미천한 신분의 여성이었던 기생과 출신이 다르다고 할 수 있다.

그런데 기생의 기원에 관한 이능화나 장덕순 등의 신라 원화설도 무녀기원설과 연관되어 설명되고 있다. 이후 기생의 무녀기원설은 일본 학자인 나카야마 다로(中山太郎)와 국문학자인 김동욱 등에게서 잘 드러난다. 김동욱(1922~1990)은 한 논문(『이조기녀사서설』)에서 "기생의 본질은 사치노예라고 말한다. 어느 민족에 있어서나 계급적 분화가 이루어지거나 전쟁 포로의 처우에서 기생은 발생한다. 그러나 그 시원은 무녀에 있었다고 보아야 할 것이다."라고 하였다.

한편 『고려사』의 최충헌(1149~1219) 열전에는 '모든 기생은 본디 유기장의 집에서 난다'라는 기록과 더불어 유기장이 속했던 양수척의 여자들을 기생 명부에 올렸다는 내용이 보인다. 고려 무인시대 집권자 이의민(?~1196)의 아들 이지영이 부역의 의무가 없던 양수척을 자신의 기첩인 자운선에게 소속시켜 공물을 징수토록 하자 기생 자운선은 양수척의 명단을 기적에 올린 후 끊임없이 세금을 징수했다. 자운선은 이지영이 최충헌에게 죽임을 당한 뒤 최충헌의 첩이 되어서도 세금을 심하게 징수하여 양수척의 원망을 크게 샀다.

이익(1681~1763)의 『성호사설』이나 정약용(1762~1836)의 『여유당전서』를 보더라도 기생이 양수척에서 비롯되었음을 알 수 있다. 양수척은 곧 수초(水草)를 따라 옮겨 다니면서 사냥이나 도살을 하거나 버드나무로 그릇(키, 소쿠리 등)을 만들어 팔며 사는 장인을 의미한다. 이들은 고려가 후삼국을 통일할 때 가장 크게 저항했던 백제 유민들이요, 일반적으로는 여진의 포로 또는 귀화인의 후예들로 알려져 있다. 수척, 화척, 무자리라고도 하고 나중(조선시대)에 백정으로도 불렸던 양수척은 이렇듯 소속도 없고, 부역에 종사하지도 않고, 떠돌이 생활을 하면서 지내던 천민계층이었다. 후에 양수척들을 남녀노비로 삼았는데, 이때 용모가 곱고 재주가 있는 여자를 골라 교방에서 춤과 노래를 가르친 것이 여악이었고, 이들을 바로 기생의 원조라 하는 것이다. 따라서 종으로서의 비(婢)가 기생보다 먼저 발생했을 뿐 기생과 비는 원래 같은 족속이었다고 볼 수 있다. 이와 같이 여러 문헌에서 우리나라 기생의 뿌리가 양수척임을 주장하고 있다.

이 밖에도 신라시대 화랑 김유신(595~673)이 젊은 시절 천관녀가 사는 기생집에 자주 드나들다가 어머니의 훈계를 듣고 발을 끊으려고 했지만 말이 술에 취한 주인을 등에 업고 습관처럼 천관의 집으로 찾아가자 말의 목을 단칼에 베었다는 유명한 일화(『삼국사기』, 『파한집』)에도 기생이 나타난다. 기생의 유래는 알려져 있지 않으나 이와 같이 경주 천관사의 전설이 전해지는가 하면 또 경주 남쪽 30리에는 울산 태생 전화앵이란 기생의 무덤이 있다고 전해지는데 근래에 울산에서 매년 추모제를 열고 있다. 이들은 『동국여지승람』의 경주에 관한 기록에 나타난다.

2
기생이 되고 싶다

―――――――

원칙적으로 한국에서는 기생, 중국에서는 기녀, 일본에서는 유녀로 부른다고 할 수 있을 만큼 기생 관련 용어는 국가에 따라 다르고, 국가 안에서도 사용되는 명칭이 많은 것은 세계적으로 공통적인 현상이다. 우리나라에서도 기(妓)를 비롯하여 창기, 기창, 방기, 여기, 여악, 기생, 기녀 등 시대에 따라 또는 의미에 차이를 두고 다르게 사용되거나 또는 혼용되어왔다. 무엇보다 '해어화(解語花)'라는 용어가 눈에 띈다. 일찍이 당나라 현종은 양귀비(719~756)와 연못을 거닐면서 아름다운 연꽃을 바라보다가 그녀를 가리키며 궁녀들에게 "연꽃의 아름다움도 어찌 이 해어화만 하겠느냐."라는 말을 했다고 한다. 우리나라에서는 고려 문인 이규보(1168~1241), 조선의 연산군·광해군, 근대 역사학자 이능화가 이 '말을 알아듣는 꽃'(또는 '말하는 꽃')이라는 뜻을 지닌 해어화라는 말을 기생을 일컫는 용어로 사용했다. 나는 조선시대에 등장하는 우리식 한자어 '기생(妓生)'이라는 용어로 통일하여 쓰고자 한다. 한자문화권에서는 기녀라는 용어를 두루 쓰는 데 비해 기생이라는 말은 한국에서만 쓴다고 할 수 있다.

기생이 되는 경로를 말하자면 기본적으로 기생은 세습된다고 할 수 있다. 고려시대가 되면 기생의 신분이 확실해지는데, 기생은 노비와 마찬가지로 한번 등록대장에 오르면 천민이라는 신분적 멍에를 벗기 힘들었다. 모계가 중시되는 전통적인 혼인 풍속과 나말여초 양천(良賤) 교혼 및 신분이 뒤섞이는 상황 속에서 '천인은 모계를 따른다'는 천자수모법(賤者隨母法, 일명 종모법)이 제정되었기 때문이다. 양반과 기생 사이에 태어난 경우라도 천자수모법에 따라 아들은 노비, 딸은 기생이 될 수밖에 없었다. 그 후 여러 번 관련법이 바뀌긴 했으나 천자수모법의 근간은 흔들리지 않았다.

19세기 전반에 활동했던 황해도 해주기생 금선(1800~?)이의 경우 어머니가 기생이었다. 금선이는 세습적으로 자신이 기생이 되리라는 것을 잘 알면서도 호기심과 기대감을 갖고 어린 시절부터 기생의 삶을 준비하였다.

심지어 관기 제도가 해체되던 시기인 1900년대 이후에 경남 언양에서 기생이 된 이봉선(1894~1992)은 조선시대의 모계세습에 의해 자연스럽게 기생이 되었다. 더구나 이봉선은 불우한 환경에서 어쩔 수 없이 기생이 된 것이 아니라 무남독녀로 부모의 사랑을 받고 친척 할아버지로부터 글을 배울 수 있는 좋은 여건에서 기생이 되었다.

그러나 부모, 특히 어머니의 신분에 따라 자녀의 처지와 장래가 결정되는 것만은 아니었다. 사대부가 기생에게 지어주었다는 시(「贈妓」)에서 "열여섯 살 양가집 여자 / 올해 교방으로 들어갔네 / 몸을 그르친 건 못된 나그네 때문 / 눈물 뿌리며 신랑과 헤어졌네(十六良家女 今年入教坊 誤身由暴客 揮淚去新郞)"(『석북집』)라고 하였다. 이를 보더라도 세습에 의해서만 기생이 되는 것이 아니라 여러 이유로 기생이 되는 것을 짐작할 수 있다.

여종인 비(婢)로 떨어져 기생이 되는 경우도 있다. 무엇보다 금기시하던 근친상간을 범하거나 반역을 꾀한 역적의 처자들이 비가 되고 기생이 되었다. 고려 고종 때 처조카의 아내와 간통한 상서예부시랑 이수의 조카며느리를 여녀의 적에 올린 것이 대표적인 예이다. 일반적으로 양반에서 종으로 몰락한 역적의 처첩들은 사형을 당하거나 관에 소속된 노비, 혹은 기생이 되었다. 고관대작은 물론 미관말직에 이르기까지 불법으로 관기를 첩으로 들여앉히는 등 관기의 수가 줄어들자 수령들은 문책이 두려워 세간에 간통하는 여자를 잡아들여 강제로 기생으로 만들기도 했다.

양가에서 태어났지만 고아가 된 경우, 부모가 가난하여 파는 경우도 기생이 될 수 있다. 가령 조선 선조 때의 진주기생 논개(?~1593)는 본디 전라도 장수에서 양가의 딸로 태어났으나 어려서 부모를 여의고 집이 가난하고 의지할 데가 없어 마침내 기생으로 전락하게 되었다(『일사유사』). 다시 말해 논개는 1574년 선비 주달문과 부인 밀양박씨 사이에서 양반집의 딸로 태어났다. 4년 뒤 부친이 사망한 후 숙부의 집에 의탁되었는데 간교한 숙부의 음모에 휘말려 고립무원이 되었다. 최경회 장군의 도움으로 위기에서 벗어나고 그의 첩이 되었다가 남편과 국가의 원수를 갚기 위해 관기가 되어 왜장을 끌어안고 투신하였다.

조선 정조 때의 제주기생 김만덕(1739~1812)은 장사하는 아버지와 농사짓는 어머니 사이에서 태어나 행복하게 지내다 열한 살 때 풍랑으로 아버지를 잃고 1년 반 뒤 병으로 어머니마저 여의었다. 그 후 남들 손에 이끌려 노기 월중선에 맡겨졌다가 관가의 기적에 이름을 올리게 되었다. 당시 좌의정이던 채제공(1720~1799)은 『만덕전』까지 지으면서 그녀가 나이 스물이 넘도록 기생으로 자처한 적이 한 번도 없었다고 말했다. 지혜와 용기로 크게 성공한 만덕은 여러 번 기적에서 이름을 빼줄 것을 관가에 호소해 오다가 오랜 세월이 흐른 뒤 양민의 신분으로 돌아왔다.

역시 정조 때 계심이라는 기생이 있었는데, 계심은 춘천 봉의산 기슭에서 가죽신을 만드는 전춘돌의 딸로 태어나 집이 가난하여 어려서 기적에 올랐다. 그 후 단정하게 자란 계심은 신임 춘천부사인 김처인의 눈에 들어 17세가 되던 해 그의 첩으로 들어갔다. 행복한 나날을 보내던 중 김처인이 삼척으로 발령을 받아 데리러 오겠다는 약속만 남긴 채 떠나고 말았다. 어려운 가정 형편에 계심의 아버지까지 세상을 떠나자 계심의 어머니는 딸을 다시 한양기생으로 팔아버렸다.

세습이나 강제에 의해서가 아니라 달성기생 백설루와 같이 시집을 갔다가 남편이 출가하는 바람에 스스로 기생이 된 경우(『조선해어화사』)도 있고, 양반의 딸이 아버지의 빚을 갚기 위해 스스로 기생이 되는 경우(『추풍감별곡』)도 있다. 이처럼 불가피한 상황에서 자발적 결단에 의해 기생이 되는 경우, 집안 형편의 곤궁함이 가장 큰 원인이 되었다. 1914년 『매일신보』에 연재된 「예술계 100인」에 출연하는 90명의 기생들 대부분이 가족을 봉양하기 위해서 기생을 선택했다고 하는 점도 시사하는 바가 크다. 1930년대 조선총독까지 쥐락펴락할 정도로 수완 좋고 당시 32세에 거대한 천향각 호텔을 지었던 사업가 김옥교도 어릴 적 집안이 가난하여 먼 친척 집에 보내진 후 돈 벌 생각으로 기생이 되었었다. 1930년대 후반 서울기생 1,000여 명의 전직을 살펴보면 대부분 직공, 점원, 버스 안내원 등 생활이 궁핍한 여성들이었다. 지금은 길상사로 바뀐 한국 최고의 요정이었던 대원각의 주인이자 시인 백석(1912~1995)이 사랑하여 '자야'라는 아호까지 지어주었던 김영한(기명은 김진향)도 양반집 규수로 성장하여 교사 생활을 하다가 가정 형편 때문에 기생이 되었었다.

　　순수하게 기생이 되길 소망하는 사례도 있었다. 세 아이가 마주 앉아 각각의 소원을 물으며 솔개가 되고 돼지 새끼가 되고 싶다고 말한 아이들과 달리 한 아이가 먼저 기생이 되겠다고 한 이야기(『교수잡사』)가 재미있다. 그 아이는 "나는 후생에 세상에서 제일가는 기생이 되고 싶네. 위로는 공경대부에서 아래로는 토지

세를 내는 사람과 급료가 많은 벼슬아치 중에서도 부잣집 자제에 이르기까지 그들의 간장을 모두 녹여 내 손아귀에 넣고 주무르면서 온갖 호사를 부리고 세상의 모든 즐거움을 누리며 나 하고 싶은 대로 하면서도 나라에 내 이름을 떨친다면 이보다 나은 것은 없을 듯하네."라고 했다.

　기생 계선이의 경우 좋아서 스스로 기생이 되었다. 그녀는 "나는 기생이 부러워서 나왔어요. 인물이 남만 못합니까. 재주가 남만 못합니까."(『매일신보』 1914)라고 했다. 처음에는 시집도 갔었으나 홍우산과 남치마에 인력거 바람이 계선이의 마음을 요동케 했으므로 기어이 기생으로 출세했다는 것이다. 근대시기 쓰개치마나 장옷을 대신했던 우산은 기생을 표상하는 대표적인 액세서리 중의 하나였다. 영화 〈해어화〉(감독 박흥식, 2016)에서도 처음부터 우산이 등장하는 것이 예사롭지 않다. 영화에 의하면 1940년대 경성 제일가는 기생들이 모인 대성권번의 졸업식 날, 일패기생의 상징인 붉은 우산을 받은 소율이나 연희와 달리 옥향은 삼패기생을 뜻하는 남색 우산을 받게 되었다.

　기생 명주도 어렸을 때부터 늘 기생이 되고 싶었다고 하며 그런 어릴 때의 꿈이 이루어지면서 화류계에 광채를 드러냈다. 그녀는 말하길 "저는 기생이 어찌 되고 싶던지 부모가 시집을 보내겠다는 말을 듣고 낙심천만하여 하루는 종일 밥도 아니 먹고 싫다고 야단이었지요."(『매일신보』 1914)라고 했다. 기생들이 만든 잡지인 『장한』에는 "나는 기생이다"라는 소제목마저 등장한다. 못 배우고 가난한 사람들에게는 기생의 호사스런 모습이 동경과 질투의 대상이 되었을 것이며, 대중들의 관심과 함께 스스로 기생의 길을 택했을 것이다. 기생들은 남성들의 팍팍하고 쪼들린 삶에 비교하여 자신들의 화려한 생활을 과시하기도 했다. 『임하일기』에 따르면 기생이 많던 함경도 북청에서는 "딸 셋을 낳으면 하나는 농가에 시집보내고 하나는 교방에 집어넣고 하나는 무당에게 판다."고 했다. 생계가 어려운 서민들에게는 기생의 길이 하나의 목표였을 것이다.

하지만 조선의 완고한 신분사회에서 대부분의 기생은 인간적 대우를 받기 어려웠다. 이른바 팔천(八賤)의 하나로 사대부들의 연회나 술자리의 유흥을 위해 시중드는 것이 기생의 기본 업무이기도 했다. 역사적으로 그녀들은 생애에 관한 공식적인 기록도 거의 없는 불행한 운명 속에 사물화된 존재로 신음하며 살아야 했다.

그러나 기생이 양민으로 전환되는 경우도 있었다. 기생은 관리대장에 올라 있으므로 그 기적에서 빠져나오려면 속신(일명 속량)을 해야 했다. 교방에 대한 사회적 인식을 새롭게 했다는 소설 「삼선기」(1918)에서도 홍도화와 류지연 두 기생이 거금을 내고 기적에서 이름을 빼고 한양으로 올라왔다.

기적이란 기생명부인 '기생안(기안)'을 말한다. 조선시대 관아에서는 소속 노비를 관리 감독하기 위해 노비명단인 '관노비안(관안)'을 작성하였다. 기생 역시 관노비이므로 관노비안에 그 이름이 등재되었는데 관노비안 중에서 기생 부분을 분리하여 작성한 자료를 '기생안'이라 할 수 있다. 관청에 공식적으로 등록되는 기생안을 살펴보면 기생의 이름과 나이를 비롯하여 기생이 도망가거나 기안에서 빠진 경우 등 기생의 동태를 확인할 수 있고, 기생의 숫자와 등급까지도 파악할 수 있었다. 현재 남아 있는 기생안은 대부분 18~19세기에 작성된 것이며, 이러한 기생안은 모두 지방 관청에서 작성한 것이다.

19세기 〈무숙이타령(일명 왈짜타령)〉의 무숙이가 한양의 부잣집 아들이자 왈짜로 평양에서 올라온 약방기생 의양이를 수천 냥을 들여 기적에서 빼내 첩으로 삼듯이 신분 상승을 위해서는 속신이 필요했다. 기생의 가장 실현 가능한 꿈은 고관이나 부자의 첩이 되는 것이다. 그렇게 되면 재물로 대가를 치러주고 기생을 면할 수 있었으며 일생을 여유롭게 지낼 수 있었다. 19세기 개성의 한량이었던 한새락이 만난 평양기생 성패의 성우(『녹파잡기』), 관찰사의 첩이 된 후 낡은 초가집에서 큰 저택으로 바뀌었고 무늬를 새긴 창문과 수놓은 병풍에 가야금과 책상이 깔끔하고 우아하게 정돈되어 있었다.

다만 예능이 뛰어난 기생은 종친이나 재상의 첩이 되더라도 기역을 완전히 면제받지 못하고 국가 경사나 사신 접대를 위한 잔치 등에는 참여해야 했다. 갑오개혁으로 기생들이 천민 신분에서 해방되었을 때마저 진연이나 가례 등 국가 행사에 동원되었던 것도 같은 맥락이다. 그만큼 가무의 기예는 쉽게 그 역할을 대체할 수 없는 전문 분야였기 때문이다. 공연이 끝난 뒤 포상으로 천인 신분을 면제해주기도 했다. 재색이 있는 기생이 빠져나가는 것을 막기 위해서라도 다른 관비와 달리 기생을 속신하는 것은 법으로 허용되지 않았을 것이다.

고려 인종 때의 배경성(1083~1146) 부부의 경우와 같이 기생이 처가 되기도 했고 고려 말에는 기생을 아내로 삼는 일이 일상적이었으나 조선시대는 그렇지 않았다. 18~19세기 옥소선(기명)이라고도 불리는 평양기생 자란처럼 부모를 저버리고 자신을 만나러 온 평안감사의 아들과 도주해서 그 도령을 공부시켜 등과하게 한 뒤 왕명에 따라 정실로 들어간(『계서야담』, 『천예록』) 경우는 있으나 기생은 본부인이 될 수 없는 것이 원칙이었다. 더구나 조선시대는 최고의 법전(『경국대전』)에 "관원은 기생을 간(奸)할 수 없다."고 되어 있을 만큼 기생들은 개인에 의해 사유화될 수 없는 존재로서, 속량시켜 첩으로 삼는 것도 법으로 금지되어 있었다.* 하지만 기생첩(기첩)을 두지 않았던 관원이 없을 정도로 법은 지켜지지 않았다.

사실 기생첩이 본처의 역할을 하는 경우도 많았다. 지아비가 기생첩에 빠져 파산하거나 조강지처를 버리는 경우도 있었다. 어우동(?~1480)의 남편인 이동의 탄핵 이유도 기생을 위해 본처의

---

* 첩을 들인 경우, 관리는 강등 또는 추방되었고, 무인 또는 중인이나 서민은 곤장을 맞아야 했다.

허물을 들추고 버리기까지 했기 때문이었다. 세종 때 중국어를 잘해 외교적으로 큰 공을 세웠던 예조판서 김하(?~1462)의 경우 기생 녹명아를 좋아하여 종실이나 도승지와 다투는 등 조정을 시끄럽게도 했지만 울주기생 옥루아를 첩으로 들여 여섯 아이를 낳으면서 조강지처를 소박했다. 세조 때 신자형은 초요갱의 미모에 빠져 첩으로 삼은 뒤 본처 이씨를 소박하고 본처에게 초요갱을 험담한 계집종 둘을 때려죽이기까지 했다. 또 세조 때 정종의 아들 이무생(1396~1460)은 기생 탁금아를 사랑하여 정처를 내쫓은 일로 인해 탄핵을 받았다. 성종대 신찬은 기생첩 석금을 가까이하며 본처 유씨를 학대했는데 신찬은 유씨를 창고에 가두고 밥도 주지 않았다.

첩이 되어 천민에서 벗어나고자 하는 기생들의 시도는 끊이지 않았다. 먼저 자식의 앞날을 위해서는 아버지의 신분이 중요했다. 민약 왕실 후손이거나 2품 이상의 고관이라면 자식은 법적으로 천인 신분에서 벗어날 수 있었다. 조선 초 재상 이중지(?~1446)가 본처에게는 아들이 없고 기첩에게만 아들이 있었으므로 세조에게 자신의 아들을 종량시켜달라고 하여 허락을 받은 일도 있다. 이때부터 기첩의 자식이 양인이 되는 법이 시행되었다. 성종 시절 공주기생 재춘은 아들 윤양이 양반으로 떳떳하게 살아가길 바랐으므로 남편 윤효상이 보라는 듯이 아들의 성과 이름을 바꾸지 않았고 날마다 아들에게 아버지의 이름을 잊지 않도록 가르쳤다. 어미로서 할 일은 속량이라 생각했다.

『대동기문』에 따르면, 조선 중기 청렴한 선비로 유명하던 김시양(1581~1643)이 함경도 종성에 귀양을 가서 그곳 기생을 첩으로 들였다가 유배가 풀려 돌아올 적에 그 기생도 데리고 왔다. 그뿐만 아니라 첩이 아들을 낳자 아이를 정병에 소속시키고 매년 군포까지 바쳤다. 사람들이 의아하여 "국법에 재상의 아들은 군역을 면제받게 되어 있는데 스스로 군역에 편입시키고 군포를 내시니 어쩐 일입니까?"라고 물었다. 그러자 김시양은 "관북기생은 그 지역을 벗어나지 못하는 것이 국법인데 내가 법을 어기고 데려온 데다 거기서 아들까지 보았으나 마음이 늘 불안했다오. 그래서 아이를 군적에 넣고 군포를 바쳐 속죄를 하고자 한 것이오."라고 했다. 듣는 사람이 모두 탄복하지 않을 수 없었다.

그런데 양민이 첩이 되는 경우는 거의 없을 만큼 대부분 기생첩은 지위가 낮고 불쌍한 처지였다. 신분의 굴레에서 벗어날 수 있다는 생각은 착각이었을 수도 있다. 예컨대 춤이 뛰어났던 기생 탁문아는 여러 번 돈에 의해 팔리는 신세가 되었다. 첫 남편이었던 남이(1441~1468) 장군의 역모가 발각되어 진해 관비로 전락했는데 다시 성종 때 이축의 첩이 되었다가 높은 벼슬자리에 있던 윤은로에게로 옮겨갔다. 윤은로가 이축에게서 탁문아를 빼앗아 자기 소유로 삼았는데 2년쯤 지나서는 돈을 받고 다시 이축에게 돌려주었다. 기생첩을 물건이나 다름없이 생각했던 것이다.

한편, 속신의 경우로서 기생이 병들어 제구실을 못하거나 늙어 퇴직할 때 보통 자신을 대신하여 젊은 계집을 들여놓았는데 이를 '대비정속(代婢定贖)'이라 하였다. 자기 대신 다른 사람을 채워 넣고 빠진다 하여 '납대'라고도 했으며 대개는 동기로 채워졌다. 돈이 있는 기생들은 버려진 계집아이를 사서 자기 대신 들여놓을 수 있지만 돈이 없는 기생들은 자신의 딸이나 조카딸을 들여놓기도 했다. 그러나 법으로는 금지되어 있는 대비정속의 경우 사실 자신이 빠지는 것이 아니라 관기와 양반 사이에서 태어난 자녀에 한하여 이루어졌다. 춘향이는 이 도령과 백년해로를 약속하여 대비정속하고 기안에서 빠져 양민이 되었다. 춘향이의 어미 월매가 부자였으므로 몸값을 지불하고 춘향이의 기생 신분을 벗어나게 했다고 증언하는 『춘향전』 이본도 여럿이다. 영조 때 자란을 사랑하던 울산부사 윤면은 승진하여 한양으로 돌아가게 되자 계집종 두 명을 관청에 바치고 자란을 기적에서 뽑아 데리고 갔다.

다른 한편 기적을 벗어나려면 국왕의 특명이 있어야 했는데, 세종은 종친 이순몽(1386~1449)의 첩 패련향의 기역을 면제해주었다. 또한 세조 때 '4기'로 불리던 기생 옥부향·자동선·양대·초요갱은 출중한 가무 실력을 인정받아 천민 신분에서 벗어날 수 있었다. 성종대에는 기생으로서 왕실 종친의 첩이 되어 아들을 낳은 자에 한하여 기역을 면제해주었다. 선조도 영리한 기생을 면천시켜 어사의 소실로 삼게 한 바 있다. 숙종도 재상이 된 김우항(1649~1723)의 과거 이야기를 듣고 북관(함경도)에 영을 내려 강계기생 홍도를 불러와 김우항의 첩으로 삼도록 했다.

그 밖에도 국왕이 기역을 면제해준 일이 많다. 27세이던 가산기생 최연홍(1785~1846)은 1811년 평안도 몰락 양반의 자손이었던 홍경래(1771~1812)가 일으킨 난에 죽은 가산군수 정시(1768~1811) 부자의 시신을 수습하여 장례를 치르고 군수 아우의 부상도 치료해주었으며 결사대를 모집하여 고을을 지켰으므로, 조정이 기적에서 이름을 빼주고 전답을 주어 표창하고 부세를 면제해주었다.

의녀도 종의 신분을 벗어나기 어려웠으나 의술로 공을 세우면 양민으로 신분이 바뀔 수 있었다. 현종 10년(1669) 대비 인선왕후가 온천 갈 때 수행했던 의녀 단춘, 정옥, 지향을 비롯하여 숙종 37년(1711) 중전의 병을 치료한 단절, 월아, 승례 등 면천된 의녀가 많았다.

3
기생은 국가의 연예를 책임졌다

중국은 기생을 국가가 관리하지 않는다. 서주시대 관기가 처음 생겨난 이후 융성해지던 기생집단은 송대의 상업화를 거쳐 상당한 규모가 되면서 명대에 이르러 국가의 통제가 불가능해졌다. 특히 정치 경제의 중심지였던 북경과 남경에서는 기생이 일반 백성보다 많다고 할 정도로 감당하기 힘들었다. 마침내 청대에 와서는 수천 년 동안 형성되었던 관기가 사라졌다. 기생 운영의 주도권이 급격히 민간으로 넘어가면서 이전의 가무를 제공하던 기생들은 육체를 파는 창기로 변해갔다. 중국 조정에는 공식적으로 기생을 동원하는 일이 없었으니, 중국 사신들은 조선에 와서 연회에 참석하여 기생의 노래와 춤을 보고 의아해하였을 것이다.

기생이란 원래 사회적으로 지탄받아야 할 대상이 아니라 예능을 통해 남을 즐겁게 해주는 공공의 봉사 집단이었다. 더구나 사내들의 한두 번 욕정을 풀어주기 위한 대상이거나 향락의 도구가 아니었다. 무엇보다 기생을 둔 주된 이유가 궁궐 및 관청의 행사, 외국 사신의 영접, 변방 군대의 위안 등 크게 세 가지에 쓰일 가무 즉 여악(女樂)을 제공하기 위해서였다. 이능화가 기생을 '여악'이라고 말했을(『조선해어화사』) 만큼 여악이란 가무를 공연하는 기생을 가리키거나 또는 공연 자체를 일컫는다. 이와 같이 기생은 국가에서 필요한 연예를 위해 만든 공적 존재로서 기생의 본질적 역할이 여악이었던 것이다. 고려시대부터 여악 위주의 기생을 설치한 세 가지 목적을 구체적으로 살펴보자.

먼저, 기생을 둔 첫 번째 목적으로, 기생들은 여악이라는 가무 중심의 기예를 익혀 나라의 각종 의례와 잔치에 동원되어 봉사를 해야 했다. 이미 고대로부터 가무를 하는 유녀가 있었고 고려 초기부터 중국을 본받아 교방을 설치하여 여악을 둔 기록이 있다. 조선시대에 들어와 특히 여악을 위해 기생을 두어 내연(왕실 내명부 위주로 베풀어지는 잔치)이나 국가의식에 공연하도록 했다. 내연과 중궁하례 및 친잠례에는 여악이 반드시 필요했으므로 조선시대 말까지 여악이 존속할 수 있었다. 대부분의 경우 여악은 왕실 여인이나 친인척이 참석하는 내연에서 공연되었다. 이때 재능이 있는 지방기생이 '선상기'로 뽑히어 한양으로 많이 올라오기도 했다. 그러나 안타깝게도 세력가들이 기생을 첩으로 데려가 실제의 여악은 많지 않을 만큼 국가에서 관기를 양성하기 힘들었다. 조선의 문헌들에는 말단관리까지 예쁜 기생들을 모두 빼가서 관아에는 못생긴 기생들만 남았다고 적고 있다.

다음, 기생을 두었던 두 번째 목적으로서 기생으로 하여금 사신을 접대하는 것은 고려시대부터 이미 있었던 일이다. 『고려사』에 나오는 바와 같이 공민왕 때 중국 사신을 위해 베푼 연회에서 기생이 잘못하여 최고위직에 있는 재상이 유배를 가고, 명나라 사신은 화가 나서 귀국하려 했던 사건도 있었다. 외국 사신의 영접에 가면극인 산대희를 베풀었는데 여악도 그 속에 포함되었다. 다만 방직기생(일명 방기), 또는 수청기라고 하여 사신들의 잠자리 시중도 들어야 했다. 태종 때 조선에 왔던 중국 사신 반문규가 기생 숙초를 사랑하여 데려가고자 하였으나 그러지 못하고 돌려보냈다는 일화도 실록에 남아 있다. 사신들이 왕래하는 객사에서는 잔치가 빈번했는데 잔치에 참여한 기생들은 선녀로 인식되었다.

그다음, 기생을 두었던 세 번째 목적으로 군대 위안에 관한 것인데, 「세종실록」에서는 군사들이 가정을 멀리 떠나서 추위와 더위를 두 번씩이나 지나야 하므로 일상의 사소한 일도 어려울 것이기 때문에 기생을 두는 것이 합당하다고 했다. 김종서(1383~1453)가 여악(기생)을 폐지하자고 건의한 데 대해서 윤수가 왕에게 "예부터 기생이란 아내가 없는 군사를 접대하기 위한 것이라고 했습니다. 우리나라가 동남으로 바다에 이르고 북쪽으로 야인과 이어져 있어 방어하는 문제가 없는 해가 없는데 여악을 어찌 갑자기 혁파하겠습니까."라고 하였다. 세종은 김종서로 하여금 6진을 개척케 한 뒤 여악으로 주연을 베풀고 방기를 두어 군사들을 위로하였다. 실록에 나오는 바와 같이 예종, 성종, 중종 등도 변방에 기생을 두어 위안케 하라고 전교를 내렸다. 실학자 이수광(1563~1628)은 변방에 기생과 음악을 두는 제도를 만든 뜻이 지극하다고도 했다.

한편 이상과 같은 여악을 본질로 삼는 예능적 기생과 다른 기생이 존재했는데, 의약을 다루던 의녀(일명 여의)가 있었으며, 바느질을 맡았던 침선비가 있었다. 특히 의녀는 부인의 질병을 진단 치료하기 위해 조선 태종 때 제생원사 허도의 건의에 따라 설치되었으며, 영조대에는 궁중에서 왕족을 치료하는 내의원 의녀와 일반 부녀자를 치료하는 혜민서 의녀로 구분했다. 내의원의 별칭이 약방이었으므로 연산군 이후 의녀를 약방기생이라고도 불렀다. 침선비와 관련해서는 18세기 자색과 가무로 빼어났던 공주기생 추월같이 상방(상의원)으로 들어온 경우도 있고, 19세기 원주기생 순옥을 침선비로 선상하라는 상의원의 공문이 내려가자 3백 냥을 들여 침선비에서 빠지려 애쓰는 일도 있었다(《북상기》).

조선조 양란 이후 장악원이 제 기능을 다 하지 못하면서 인조반정(1623) 후 3년마다 지방기생을 선상하는 제도가 혁파되었고, 진연 때 지방에서 올라온 기생들은 명목상 약방이나 상방 같은 기관에 소속되었다. 이 약방이나 상방에 소속된 의녀나 침선비들에 의해 여악도 운영되었다. 등급으로는 내의원 의녀가 가장 높고 그다음이 상의원 침선비이며 그다음이 혜민서 의녀이고 그다음이 공조기생 순서인데, 대한제국 시절(1897~1910)에 이르러 기생을 관장한 이 네 기관을 '기생사처소'라 부르며 이 소속의 기생들을 일류기생으로 여겼다.

이렇게 볼 때 기생이란 기본적으로 여악 중심의 가무를 담당하는 연예인 집단임은 물론 의술을 행하는 의녀 혹은 바느질하는 침선비처럼 기술을 가진 국가적 전문직 여성이었다. 여기서도 간과할 수 없는 것은 조선 후기에 여악의 필요성과 더불어 지방기생의 동원에 따른 국고 낭비를 줄이기 위한 순수한 동기에서 의녀와 침선비가 궁중 연회의 여악에 동원되었다는 점이다.

기생들은 각 고을의 교방에 들어가 재주를 익힌 다음 국가행사가 있을 때 뽑혀서 한양으로 올라가기도 하고, 본 고장에서 활동하거나 다른 곳으로 가서 일하기도 했다. 어느 기생이 지었다고도 하는 시, "3월에 집 떠나 9월에 돌아오니 / 초의 산 오의 물이 꿈속에 아련하구나 / 이 내 몸 철새같이 떠돌아다닐 때 / 남쪽 하늘 다 날고 또다시 북으로 가네(三月離家九月歸 楚山吳水夢依依 此身恰似隨陽鳥 飛盡南天又北飛)"(『고금소총』)에서 보듯 지방의 관기들이 한 곳에만 머물지 않았다. 평안도 강동기생이었던 일지홍은 열한 살 때 노래와 춤을 배우겠다고 자원하여 평양으로 옮겨갔다. 물론 기생들은 공인이기에 임의대로 자기 소속의 지역을 떠날 수 없고 관의 명에 따라 움직였을 것이다. 일제시대 권번기생들의 활동 범위를 살펴보더라도 전국의 권번을 이동하며 다녔음을 알 수 있다.

어릴 때부터 가무에 재능이 있던 평양기생 경패는 겨우 열세 살이 되자 "내 고향이 아무리 큰 도회지라고 하지만 안목을 넓히지 못하면 결국 촌스럽게 되고 말 테니 어떻게 한 세상을 압도할 수 있겠는가"(『녹파잡기』)라고 하며 한양으로 올라가 당대의 이름난 기생들을 맘껏 만나보고 장악원에서 새로 작곡된 모든 곡을 수집해 돌아갔다. 장악원 소속의 기생들의 주된 업무가 궁중 연회에서의 가무였듯이, 주로 사신의 접대나 관리의 수청 등에 동원되는 지방의 기생에게도 가장 중요한 임무는 여악이었다. 앞에 언급된 공주기생 추월이 늙어서 자신의 일생을 돌아보며 재상집 잔치에 초빙되어 갔을 때 음악에 문외한인 재상으로부터 받은 모욕이 한평생 잊혀지지 않는다고 했던 말이 예사롭지 않다.

기생들은 어린 시절부터 자신의 처지와 환경 속에서 여악의 꿈을 키워나갔을 것이다. 『녹파잡기』에 등장하는 기생 수애는 노래와 춤이 능숙했는데 조상 대대로 악적을 지켜온 것에 자부심이 커서 가볍게 손님을 만나지도 않았다. 수애는 누대로 기적에 이름을 올린 기생 집안 출신임을 자랑스럽게 여기기까지 했다. 성천기생 운초도 예기의 꿈을 성취하기 위해 동기 시절부터 유쾌하고 활달하게 기생 수업에 참가하였다.

그러나 궁중의 의례와 지방관아의 행사에서 공연하는 기생이 일탈하여 본래의 역할을 수행하지 못하는 폐단이 적지 않았다. 그리하여 조선조 내내 여악을 둘러싼 시비가 이어지면서, 조선 후기에 와서는 여자들이 주축이 된 내연에는 여악이, 남자들이 주축이 된 외연에는 남악이 공연하는 제도적 장치가 마련되기도 했다. 사실 기생들이 지배층의 성적 요구에 대한 순응과 그 지속적인 관계 속에 호의호식함으로서 다른 집단의 선망의 대상이 될 수도 있었다.

하지만 기생집단 전체가 무력하게 매음의 수급자원으로 활용되었던 것은 결코 아니다. 더구나 조선은 성리학으로 인해 매춘이 금지된 국가로서 만약 강간·간통이 발각될 때 양반은 벌을 받았으며, 상중 또는 국가 위급 상황에 기생과 어울리거나 기생에 너무 빠지면 관료들은 탄핵을 당했다. 「태종실록」에도 청백리로 소문난 대사헌 안성(1344~1421)이 완산기생 옥호빙을 사랑하여 곁에 두고 부친상을 당했는데도 돌려보내지 않아 파직된 사연이 나온다. 매춘 행위가 발각되면 기생도 유배를 가거나 노비가 되었다. '관기는 공물'이라는 생각으로 지방의 수령이나 관료는 기생을 수청 들게 했으나 수청을 들었던 관기의 경우조차 제도권 내에서나 허용되었지 심하면 지탄받았다.

행동의 자유나 성적 매력을 떠나 기생집단을 긍정적으로 이해하게 되는 것은 그녀들이 드러낸 공익적 자존심과 예술적 능력에 있었다. 연예적 재능을 갖춘 기생들의 경우 타고난 기질과 성향에서 유로되는 미의식을 감추기는 힘들었을 것이다. 기생의 악가무를 보고 이능화는 "관현악이 조화를 이루어 연주되니 구름 사이로 선계의 음악이 들려옴을 의심한다. 기생의 노랫소리가 맑고도 찌렁찌렁해서 공중으로 울려 퍼진다. 쌍쌍이 춤추니 버들 허리는 민첩하고 두 옷소매는 바람처럼 움직인다."(『조선해어화사』)고 하였다. 악기 반주에 맞춰 구름을 멈추게 하듯 노래하고 바람을 타고 넘듯 춤추는 기생의 독특한 예인으로서의 모습은 부러움을 살 만했다.

고려부터 조선에 걸쳐 기생들에 의해 여악이 공연되었던 상황을 이해할 수 있는 두 대목을 들어보자. 장악도감이 임금에게 아뢰기를 "기생 100명이 좌우로 나눠 섰는데 원래는 70명이었으며, 또 모든 기생이 착용한 옷은 홍단의상과 홍초대 등으로 전일 내전의 궁중 잔치 때 50건을 구비했는데…… 화전벽은 침향산 무대 앞에 깐 뒤 모든 기생이 축을 드려 학무·연화대 정재를 행해야 합니다."《광해군일기》라고 했다. 한편 성호 이익(1681~1763)은 말하기를, "고려악은 헌선도·수연장·오양선·포구락·연화대·무고 등 여섯 가지로 모두 여악이라고 했다. 조선은 기생들로 하여금 고려의 악무를 답습하였다."《증보문헌비고》고 했다. 기생들의 춤 가운데 공을 던지며 춤을 추는 포구락은 고려 문종 때 송에서 들어온 것으로 궁중 연회는 물론 민간에까지 널리 공연되었다.

고려시대부터 기생들은 정악(아악·당악·향악)의 노래와 춤으로서 궁중의 공식적인 행사나 국왕의 사사로운 연회, 외교사절의 접대 등에서 공연의 주역이 되었다. 특히 고려에서는 국가의 큰 잔치나 행사가 있을 때면 반드시 여악을 동원했다. 문종 때는 팔관회·연등회 등의 국가적인 큰 행사뿐만 아니라 궁중의 여러 의식이나 왕의 거둥에서도 가무를 공연했다. 조선시대에도 고려의 여악제도를 이어받아 여러 고을에 명하여 기생을 뽑아 올려 장악원에 예속시키고 궁중의 의식과 연회에 가무를 제공했다. 지방에서도 마찬가지로 기생들은 여악에 주도적인 역할을 했다. 1907년 공식적으로 여악이 해체되면서 궁중의 관기들은 민간으로 나오게 되었다.

기생들은 낡은 제도적 관행과 억압 속에서도 자신들의 예술적 감각과 재능을 통해 세상과 맞설 수 있었다. 예컨대 평양기생이었던 초요갱이 수양대군의 왕위 찬탈에 이용되는 등 정쟁의 벼랑에 서 있으면서도 그녀가 쫓겨나지 않을 수 있었던 것은 예능이 탁월했기 때문이었다. 더구나 부왕(세종)의 아들들인 평원대군, 화의군, 계양군 등이 초요갱에 빠져 물의를 일으키자 화가 난 세조가 "기생이란 금수와 같은 자들이니 가까이하지 말라."*고 호통치며 초요갱을 내쫓았으나 얼마 되지 않아 다시 장악원으로 귀속시켜야 할 만큼 그녀는 기예가 뛰어났다. 초요갱은 세종 때 박연(1378~1458)의 유일한 전승자라 할 정도로 새로 제정한 음악과 춤에 빼어났던 전악서의 기생이었다.

기생들은 방종과 타락의 늪에 빠지지 않고 인간 본연의 일과 행복을 찾고자 노력하였다. 그러나 여성이자 낮은 신분으로 국가적 업무에 종사하는 데는 늘 어려움이 따랐다. 교방에 적을 두고 관청에 들어가 공적인 역할을 수행하는 관기로서 급료를 받아야 하지만 기생들은 행사 때 말고는 공식적으로 봉급을 받지 못하고

---

* 세조도 열네 살 나이에 기생집에서 유숙한 적이 있고 임금이 되어 잔치를 베풀며 기생의 가무를 즐긴 바 있다.

스스로 해결해야 했다. 그러므로 기생들은 쉬는 날 고관들의 유흥에 참여하거나 집에서 손님을 받아 행하(팁)를 얻어 생활을 했다. 선상기로 뽑히지도 못하고 첩도 되지 못한 많은 기생들은 지방관아를 떠나지 못한 채 궁핍한 삶을 이어가야 했다.

조선 문종 때 한양기생의 봉급이 1년에 백미 한 섬이었다고 하는데 이는 궁녀 월급의 10%도 안 되는 수준이었다. 지방의 행수기생들도 월급이 좁쌀 세 말, 또는 조 다섯 말이었다고 한다. 많지 않은 나이에 화류계를 떠나 홀로 살아야 하는 기생들이 노후 생활을 위해 돈을 모으려고 애썼던 것도 이해할 만하다. 『조선해어화사』에서 돈은 없지만 잘생긴 남자와 못생겼지만 돈 많은 남자 가운데 누구를 택하겠느냐는 기생어미의 질문에 동기가 돈 많은 남자를 취하겠다고 답변하는 내용은 기생들의 현실을 적나라하게 보여준다. 인간의 가치를 잘 보증한다는 '사랑'도 믿을 수 없는 기생들에게 의지할 것은 돈밖에 없었다. 오죽하면 『근세조선정감』에 나오듯이 흥선대원군(1820~1898)이 사랑을 돈으로 환산하여 기생의 머리 올리는 값을 120냥으로 정하였겠는가.

시대의 흐름에 따라 사회적 순기능은 변질되는 경우가 많은 만큼 공인으로서의 기생의 자부심도 세월이 지나면서 차츰 위안부의 성격으로 바뀌게 되었다. 기생들은 공적인 행사를 넘어 사회적 교제에 없어서는 안 될 존재가 되고 있음을 자각하였다. 조선 성종 때의 선비 성현(1439~1504)은 저택에 세 사람만 모여도 반드시 여악을 쓴다(『용재총화』)고 지적하는 등 날로 기생문화가 퇴폐

화됨을 우려한 바 있다. 기생들은 지배받는 처지에서 나오는 저항감보다는 생존할 수 있다는 안도감을 소중히 여기게 되었다. 그러므로 기생이 주석이나 연회에서 흥을 돋우는 일을 본업으로 삼았다고 하는 것도 무리는 아니다. 이른바 기생은 일종의 '사치노예'라고 할 수 있으며, 길가의 버들이요 담장에 핀 꽃이라 하여 '노류장화(路柳墻花)'로도 불렸다. 이 모멸적인 명칭인 노류장화를 줄인 '화류'에서 '화류계'도 탄생했다.

조선 후기가 되면 여유 있는 가정에서는 집안 잔치에 가무하는 무리들을 불러 분위기를 즐겁게 하는 일이 빈번했는데 그중에서 기생들을 불러 재예를 감상하는 경우도 많았다. 이 시기에 이르러 나타난 급격한 신분질서의 붕괴와 상업경제의 발달은 오히려 기생들에게는 위협으로 다가왔다. 기생들이 스스로 향락과 퇴폐의 길로 접어든 것은 기생의 생계를 보호해야 하는 조정의 무능과 사회적 경시에 온몸으로 항거하려 했던 그녀들의 불가피한 생존전략으로 이해할 필요가 있다. 많은 관기들은 국법에 따라 의무적 역할을 수행하면서도 한편으로 재색을 내세워 사적으로 실리 추구에 힘썼다. 그녀들은 사대부들과 자유로이 연애하면서 호화로운 생활을 할 수 있었으며 고위 관료의 첩으로 들어가는 경우 친정을 살릴 수도 있었다. 나주기생 나합은 19세기 안동 김씨 세도를 연 김좌근(1797~1869)의 첩이 되어 막강한 권력을 휘둘렀다. 일제강점기 큰 저택이나 호텔을 소유할 정도로 거부가 된 기생들도 있었다.

그러나 「별실자탄가」에서 보여주듯 좋은 집에 들어간 기생 첩도 행복을 보장받기 어렵고, 가난한 남자의 처가 되어 구차하게 연명할 수도 있으며, 「노기자탄가」에서 알 수 있듯이 혼자 노기로서 외로이 살아갔다. 기생들은 나이를 들수록 초라한 신세가 될 수밖에 없었으며 생활은 고단하고 비참한 수준이었다. 기생어멈이라는 포주가 있어 기생을 혹사하기도 했는데, 기생어멈은 고아를 어릴 적에 데려다가 기르기도 하나 때로는 자기의 딸을 기생으로 만드는 경우도 있었다. 기생은 관청에 속해 있으면서도 안정된 생활이 보장되지 않아 늘 물질적 정신적 지원자가 필요했다. 제도적으로 빈약한 존재이다 보니 인간으로서 떳떳하게 사랑을 하고 원하는 대로 일을 하기도 힘들었다. 그나마 직업에 충실하지 않고는 편하게 살기 어려웠다.

그런 열악한 환경에도 불구하고 "남자가 비록 가난하더라도 기생들이 자원해서 몸을 바치려"(『조선해어화사』) 했던 것을 보면 기생들이 물질의 노예가 아니었음이 분명하다. "굶어 죽어도 씨오쟁이는 베고 죽으라"는 말처럼 진정한 농사꾼이라면 굶어 죽으면서도 종자는 절대로 건드리지 않았던 프로의식의 발로다. 또한 수령의 명령을 거역하고 수청을 들지 않아 매 맞아 죽는 경우도 있을 만큼 기생 모두가 사대부들의 유희적 대상은 아니었다. 의식 있는 기생들은 밝은 눈으로 세상을 바라보고 자기의 갈 길을 정했다. 나아가 기생들은 사대부의 무책임과 부도덕성을 문제 삼거나 정치적 체통을 잃는 계기로 만들기도 했다. 즉 일반 여성들과 달리 권력층과 매우 가까이 있었던 기생들은 그들의 무능력과 허구성을 오히려 자신들의 강점으로 뒤바꿀 수 있을 정도로 강한 문화예술적 자존감을 발휘하기도 했다. '즐기기는 하나 음탕하지는 않게 한다'(『논어』)는 말처럼 매창불매음(賣唱不賣淫), 즉 '노래를 팔지언정 몸을 팔지는 말라'는 것이 기생의 신조였다.

먼저 기생들의 연예적 기량을 악기 연주와 관련해 살펴볼 수 있다. 연산군은 해금을 잘하는 기생을 들여보내라는 어명을 내렸고 장악원에서는 해금의 명인이던 광한선의 이름을 적어 올렸으며 점점 연산군은 해금 소리에 빠졌고 그녀의 손이 신기한지 자주 만져보았다(『연산군일기』). 연산군 때는 초적(풀피리)을 잘 부는 기생 옥장아가 있었고 가야금의 명수인 기생 최보비가 있었다.

중종 때의 한양기생 상림춘은 거문고를 잘 타기로 유명하여 왕궁의 연회에 자주 초청되었다. 판부사 정사룡(1491~1570)이 그녀에게 보낸 시에서 "열세 살에 시를 배워 / 기생 가운데 이름 얻었네 / 널리 귀인들과 놀아서 사랑 받았고 / 음률에도 통하여 노랫소리 맑았네(十三學得漪蘭操 法部叢中見藝成 遍接貴遊連密席 又通宮籍奏新聲)"(『견한잡록』)라고 극찬했다. 그 밖에도 재상 신식(1551~1623) 등 많은 사람이 그녀에게 시를 지어주었는데, 심수경(1516~1599)은 이렇게 어린 기생이 유명한 사람들의 시를 얻을 수 있었던 것을 두고 "기예란 어찌 귀중한 것이 아니겠는가"라고 말했다.

조선 중기 송도기생 황진이와 부안기생 이매창도 노래를 잘했을 뿐만 아니라 거문고도 잘 탔다. 선조의 사위인 신익성(1588~

1644)이 사랑했던 강릉기생 홍장도 거문고를 잘 타기로 이름이 났었다. 영조 1년(1725) 울산기생 초경의 딸 자란은 커서 병영의 교방으로 보내졌는데, 기생의 악기라는 장구와 가야금을 잘하는 기생으로 이름을 날렸다. 『조선해어화사』는 달성 고을의 기생 중 거문고를 잘 타는 자는 녹주와 옥소 두 사람뿐이라고 적고 있다.

시조, 가곡을 비롯하여 판소리, 민요 등 노래와 관련해서는 일찍이 여악을 매우 좋아하던 고려 예종은 영롱과 알운이라는 기생이 노래를 잘 부르자 여러 번 상품을 하사했다. 조선 중종 때의 기생 석개는 노래로 견줄 만한 이가 없을 정도로 한양을 떠들썩하게 했다. 이에 영의정 홍섬을 비롯하여 수많은 재상들이 시를 지어주기까지 했다. 황진이의 맑고 고운 소리를 들었던 개성유수 송겸이 무릎을 치며 황진이를 '천재'라 했고, 당시 최고의 악공 엄수는 황진이의 노래는 세상에서 들어볼 수 없는 소리라고 극찬한 바 있다.(『송도기이』) 한편 숙종대의 안악기생 선향은 젊었을 때 노래를 잘 부르기로 장안에 이름을 떨쳤으며, 한양기생 조비연은 뚱뚱하여 춤은 못 추었지만 시재가 있고 노래를 잘 불렀다. 달성기생 백설루는 시를 잘 짓고 민요를 잘 부르기로 명성이 자자했는데 그녀가 제일 잘 불렀던 것이 〈육자배기〉였다.

18세기 함흥기생 가련이는 노래를 잘하는 기생으로서 나이 84세에 「출사표」와 옛사람의 시를 외웠는데 한 자도 틀리지 않았다(『조선해어화사』). 18세기 후반 가곡창으로 활약하면서 여성 음악가로 명성을 떨친 인물로 기생 계섬(1736~1797?)을 들 수 있다. 그녀는 중인 집안 출신이었는데 어릴 때 부모 모두를 잃고 갈 곳이 없어 노비의 적에 오르게 되었다. 여러 사람의 도움을 받아 노래 공부를 계속할 수 있었고 나중에는 온 나라에 이름이 알려졌다. 지방에서 활동하던 기생들이 한양에 올라와 노래를 배우려 하면 저마다 계섬을 찾을 정도였다.

19세기 호남기생 진채선(1847~?)은 전라북도 고창에서 무녀의 딸로 태어났다. 어려서부터 그녀의 재능을 지켜본 신재효(1812~1884)에 의해 17세가 되어 그가 운영하는 소리학교에 들어가 판소리를 배운 뒤 진채선은 최초의 여류 명창이 되었다. 고종 때 경회루 낙성연에서 출중한 기예를 발휘하여 청중을 놀라게 했으며 흥선대원군(1820~1898)의 총애를 받게 되었다. 그 후 진채선은 고창으로 돌아가지 못하고 운현궁에 머물며 대원군의 첩으로 살아야 했다. 이 때문에 신재효는 〈도리화가〉를 지어 제자에 대한 그리움을 전했으며, 진채선은 신재효가 중병이 들자 고창으로 돌아가 스승의 임종을 지켰다고 전해진다.

또한 19세기 평양기생 화월은 젊은 나이에도 노래와 춤 모두 빼어났다. 그녀는 휘영청 밝은 봄밤에 비단 주렴을 걷고 방 안으로 달빛을 들여놓았다. 그리고 "달은 밝고 바람은 맑아요. 이렇게 멋진 밤을 어찌하면 좋지요?"라고 속으로 나직히 읊으면서 대동문 누각에 올랐다. 그녀가 은비녀를 빼들고 난간을 두드리며 노래를 부르면 노랫소리가 구슬을 꿰듯 이어져 허공에 흩어지자 모래톱의 갈매기가 놀라 날아오르고 지나가던 구름이 멈춰 섰으며 온갖 바람소리도 잠잠해졌다《녹파잡기》고 한다.

물론 우리나라 기생들의 음악적 특색은 지방에 따라 다르기도 했다. 예를 들면 모란을 비롯한 평양기생들은 두보(712~770)가 늘그막 전란 중에 악양루에 오른 일을 읊었다는 〈관산융마〉를 잘 부르고, 함경도 영흥 지방의 기생들은 조선 태조 이성계 선대의 주거지답게 「용비어천가」를 즐겨 읊었다. 강원도 관동지방의 기생들은 「관동별곡」을 즐겨 노래했고, 판소리의 발상지답게 호남지방의 기생들은 판소리를 잘 불렀다.

남도기생은 소리를 잘하는 데 비해 서도기생은 춤을 잘 춘다고도 했다. 춤과 관련해서는 궁중무인 정재나 검무를 비롯하여 민속무인 〈승무〉를 추는 사진을 통해 기생들의 춤이 다양했음을 짐작할 수 있다. 앞에서도 말했듯이 세종의 세 아들과의 염문으로 풍속을 해친다 하여 초요갱을 조정신료들이 그토록 유배를 보내고자 했어도 무산된 것은 세종 때의 궁중가무를 그녀만이 완벽히 감당할 수 있었기 때문이다. 초요갱은 서른 가까운 나이에도 궁중에서 우아하게 춤추고 노래했다. 성종 때 태강수 이동이 아내인 어우동을 내친 것은 기생 연경비를 사랑했기 때문이라 하는데, '물찬 제비가 난다'는 뜻의 이름을 지닌 연경비는 춤을 매우 잘 췄다. 연경비와 함께 놀아난 많은 남자들이 다 쫓겨났지만 그녀만 살아남은 것도 그녀가 없으면 당시 독무를 출 기생이 없었기 때문이다.

영정조 시기 밀양 출신의 기생 운심(1703?~1778?)이의 검무는 사대부들의 넋을 빼앗고 조선을 뒤흔들었다. 운심이는『청성잡기』등 여러 기록에 나타나는데 박지원(1737~1805)의 「광문자전」에 등장하는 기생 운심이는 밀양의 실존 인물을 바탕으로 한 것이다. 장안에서 명성이 자자한 기생 운심이는 권문세가의 양반들에게는 콧대가 높지만 거지 두목인 광문의 사람됨을 알아보고 그를 위해 검무를 춘다. 운심이는 관서지방의 기생들에게도 검무를 가르쳐 훗날 묘향산에 올랐던 박제가(1750~1805)가 운심이 제자들의 검무를 보게 된다.

18세기 김인겸(1707~1772)이 지은 가사 「일동장유가」에서는 통신사를 환송하는 100여 명의 기생들 가운데 대구기생 옥진 자매가 가면을 쓰고 추는 칼춤인 〈황창무〉를 가장 잘춘다고 적고 있다. 순조 때 가산군수 정시(1768~1811)의 사랑을 받았던 가산기생 연홍(1785~1846)은 말을 잘 타고 활을 잘 쏘았을 뿐만 아니라 쌍검무를 놀라울 정도로 잘 추었다. 경혜라는 기생은 쌍검을 쥐고 춤을 추는데 허공을 나는 제비같이 민첩하여 진실로 장관이었다『조선해어화사』고 한다. 흔히 볼 수 있는 신윤복의 〈쌍검대무〉에서는 두 기생이 맞서 검을 들고 춤을 추는 역동적인 모습을 목격하게 된다.

국경 수비의 요새였던 의주의 기생들은 말을 달리고 검무를 추는 재주가 있었다. 검무는 고려 때부터 궁중 잔치에서 기생들이 추던 것이다. 검객들의 검무와 달리 공연을 위해 추는 검무는 18세기 들어 유행했고 19세기에 이르러 자리를 잡은 뒤 지금까지 이어지고 있다. 이 검무는 지역마다 특성을 지니고 일제강점기까지 매우 인기가 있었다. 검무에는 두 명이 추는 춤, 네 명이 추는 춤, 연극 형태로 추는 항장무 등이 있다.

이 밖에도 악기를 연주하는 장면과 함께 반주에 맞춰 춤을 추는 광경을 보여주는 사진이 많아 기생들의 예술적 역량을 느끼게 된다. 〈연회도〉나 〈선유도〉 등의 그림을 통해서도 기생들이 춤추고 노래하는 모습을 엿볼 수 있다. 여러 기생들이 춤출 때 '지화자(持花者)'라고 복창하는데, 이는 기생이 꽃을 쥐고 춤추는 것을 형용한 말이다. 기생들이 전통문화예술의 계승자요 창조자임은 말할 것도 없거니와 무엇보다 우리의 춤이야말로 그녀들에 의한 것임을 부인할 수 없다.

기생들이 문화적 또는 사회적으로 커다란 업적을 남길 수 있었던 것도 그녀들의 삶이 갖는 공공적 예인정신에 기인한다. 조선시대에 수많은 인사들이 기생들을 추앙할 만큼 명기가 많았다. 가령 선조 때 좌의정까지 지낸 심희수(1548~1622)는 금산기생 일타홍의 죽음에 애도시를 지은 것으로 유명하다(『계서야담』). 미친놈 소리를 들으며 방탕하게 지내던 심희수를 만나 화류계에 발을 끊고 열심히 공부하게 하여 등과시키고 자기 때문에 장가를 들지 않겠다는 심희수를 설득하여 결혼까지 시킨 뒤 스스로 첩으로 남아 있다 세상을 마감했던 일타홍은 용모와 가무가 당대 으뜸이었던 기생이다.

일제강점기에도 세속적 가치를 넘어서는 자존적 삶을 가꾸어 나간 기생들이 적지 않았으며 지금까지도 그녀들의 공공적 연예 봉사 정신을 추모하는 행사가 이어지고 있다.

다만 조선시대까지는 신분과 성적 편견으로 인해 공적 역할에 맞는 대우를 받지 못했고, 20세기 들어서는 국권 상실과 함께 존재의 기반을 잃는 불행으로 예인에 해당하는 기생이 매음하는 창녀(일명 갈보)와 동일시되는 아픔을 겪어야 했다. 1876년 개항과 더불어 일본인들이 이 땅에 들어오면서 매춘을 전업으로 하는 창녀가 생겨났다. 창녀들의 집단 거처인 유곽이 1902년 부산 완월동에 처음 만들어졌고 1910년에는 전국에 11개소가 생겼다. 유곽의 출현은 국가로부터 매춘 행위를 승인받은 공창의 출범을 의미하는데, 1904년 일본의 '경성영사관령'에 의해 공창의 영업이 시작되었다. 이때부터 기생은 '몸이나 파는 천한 것'이라 인식되고 창녀처럼 매도되었다. 우리의 기생이 차지하는 문화사적인 위상에 걸맞지 않게 아직도 기생에 대해 긍정적인 평가를 내리지 못하는 경우도 있어 아쉽다.

4
기생은 사라지지 않고 번성해갔다

기생의 역사는 무녀, 유녀, 원화, 양수척, 노비 등 기생의 유래에 대한 여러 설과 함께 시작되어 삼국을 거쳐 근대 이후까지 지속되어왔다. 고려 8대 현종 이전에 교방이 있었다는 기록(『고려사』)과 더불어 기생의 역사는 굴곡이 많은 가운데 장구하게 이어져왔다. 고려시대만 하더라도 현종 즉위 초 교방이 한 번 폐지되었을 뿐 고려 말에 이르기까지 궁중에서 기생의 가무 행위는 계속되었다.

역사적으로 볼 때 필요에 따라 만들어졌음에도 불구하고 그 부작용 때문에 기생을 제도적으로 없애려고 끊임없이 노력했으나 허사로 돌아갔다. 무엇보다 기생 존재에 대한 이념과 현실이 상충되던 조선사회의 이중적 구조 속에서 기생제도의 존폐 문제는 논의의 중심에 설 수밖에 없었다. 욕망의 절제가 부각되는 강력한 유교적 이념하에서도 기생의 존재가 사라지지 않았음을 보면 새삼 끈질긴 생명력을 느끼게 된다.

본래 기생은 공익적 업무를 수행해야 하는 자리에 있었으나 시간이 지남에 따라 많은 작폐를 드러냈다. 조선 건국 초기의 기생인 초궁장이 상왕인 정종의 애첩이었으면서도 그의 조카인 세자 양녕대군과 정을 통해 징계를 받는 등 강상을 무너뜨리고 풍속을 어지럽히는 것이 기생보다 더 심한 것이 없다는 비난을 받기도 했다. 많은 기생이 사대부나 무인들을 상대로 위안부 역할을 하는 등 성 풍속이 문란해지자 태종은 기생제도를 폐지하라는 어명을 내렸다.

이에 태종을 보필해오던 하륜(1347~1416)이 "창기를 없앤다면 관리들이 여염집 담을 넘게 되어 훌륭한 인재들이 벌을 받게 될 것"이라며 반대해 시행되지 못했다. 세종 때에도 기생제도를 폐지하자는 논의가 있었지만, 성품이 강직하기로 유명한 허조(1369~1439)마저 "창기는 모두 조정이나 왕실의 물건이니 취해도 무방한데 이를 엄하게 금지하면 관리들이 옳지 못하게 사가의 여인을 탈취하여, 지혜와 재능이 뛰어난 젊은이들이 죄에 빠지는 일이 많을 것"이라며 반대해 실효를 거두지 못했다.

다시 말해 윤리와 기강을 내세우는 유교적 질서 속에서 기생에 대한 폐지 주장이 조선시대 초기부터 활발히 진행되었으나 실현되지는 못했다. 특히 여악의 폐단에도 불구하고 긍정적 가치에 따라 유지해야 한다는 측과 여악의 폐해가 심각하기 때문에 혁파해야 한다는 측이 맞서며 존폐 논의가 계속되었으나 과감하게 폐지 또는 개혁하지도 못했다.

성리학적 개혁을 모색했던 조광조(1482~1519)는 국가에서 음란한 무리를 위하여 둔 기생을 그대로 놓고서는 인심을 바로잡을 수가 없다며 기생의 폐지를 적극 주장했다. 이렇듯 중종 때 성리학자들에 의해 기생제도를 혁파하자는 논의가 강하게 제기되고 실제로 기생들의 수가 대폭 감소되기도 했으나 결과는 오히려 반대 세력을 결집시키는 기회를 주었다. 마침내 기생을 없애자고 주장했던 사람들은 기묘사화로 죽음을 당하고 왕은 다시 기생제도를 부활시켰다. 중종 때나 인조 때 일시 폐지되었을 뿐 여악, 즉 관기제도는 끊임없이 유지되었다.

세계사적으로 사회적 지위가 높은 계층에서는 '노블레스 오블리주'를 실천하려 노력해오고 있다. 그것은 신분이 높은 사람일수록 투철한 윤리의식과 공공정신을 발휘하여 사회의 모범이 되어야 한다는 소명이 크기 때문이다. 우리나라에도 국가적 전란이나 사회적 위기 상황에 직면하여 애국적 운동이나 구국적 활동 등을 했던 사람들 중에는 명문가의 자손들이 많이 있었다. 이렇게 볼 때 사회적 책임이나 도덕적인 의무를 강요받지 않는 가운데 주체적으로 국가와 사회를 위해 헌신과 봉사를 실천하였던 기생들의 높은 공익적 정신문화는 그녀들의 존재를 지속시키는 원천적 힘이 되었다. 더구나 남자들에게 기생은 성적 서비스를 제공하는 도구로 인식되었는지 모르지만 많은 기생들에게는 사대부를 능가하는 수준 높은 지식과 안목이 있었다.

기생의 역사적 부침은 기생의 숫자로도 이해할 수 있다. 물론 기생은 나이 50이 되면 노기로서 퇴역하게 되는데, 이들을 퇴기 또는 퇴물이라 하였다. 특히 재주도 없고 나이만 먹은 퇴기들을 '헐차비'라고 불렀으며, 이들은 수청 드는 일을 할 수 없어 관에 종사하는 음악인으로 일했다. 따라서 기생 명부에 많은 사람이 올라 있다 하더라도 기생으로서 제대로 구실을 할 수 있는 인원은 이보다 훨씬 적은 숫자였다. 기생의 수는 시대에 따라 달랐으며, 조선의 문헌 어디에도 기생의 전국 통계나 지방기생의 수효는 자세히 밝혀진 바 없다. 다만 전국적으로 수천여 명 정도 관기가 있었던 것으로 추정하는 등 의외로 많지는 않은 편이다.

세종 시절 엄격한 선발을 통해 장악원에 소속되는 한양기생의 정원을 100명으로 제한하였다. 실제 한양기생의 경우 대개 80여 명 전후였는데 행사 시에는 40~50명이 부족하여 지방에서 임시로 뽑아 올리는 선상기로 충원하였다. 세종 당시 지방 큰 고을의 기생 수는 100명 정도였다. 기생에 빠져 지낸 이복동생 계양군 때문이기도 하지만 여색에 거부감을 가졌던 세조는 사람들에게 늘 기생을 멀리하라고 경고했으며 기생들을 연회에 부를 때에는 가면을 쓴 것처럼 분을 두껍게 바르고 들어오도록 했다. 성종 시절 『경국대전』에 3년마다 기생 150명을 뽑아 중앙에 올리라는 조항이 명문화되었다.

그런데 연산군 재위 10년(1504) 이후 정원이 배로 증가하여 300여 명이 되더니 몇 년 사이 놀랍게 늘어나 수천 명을 넘어 1만여 명에 이르렀다. 연산군은 간신 임사홍(1449~1506) 같은 채홍사(미녀를 선발하는 자)와 더불어 채청사(처녀를 골라 뽑는 자)를 보내 자색이 뛰어나고 재능이 있는 1,300여 명의 '운평'(태평을 가져다주는 존재라는 뜻의 기생)을 뽑아다 원각사의 승려들을 내쫓고 그곳에 머물게 했다. 그리고 1,300여 명 가운데 300여 명을 골라 '흥청'(맑은 흥을 이끌어낸다는 뜻)이라 하여 대궐에 살게 했다. 임금을 가까이 모실 수 있는 자를 지과흥청, 임금과 동침하는 자를 천과흥청이라 하였다. 연산군이 성적 향락에 탐닉하며 국정을 도탄에 빠뜨리자 이때 '흥청망청'이라는 말이 생겨나게 되었다. 실록에서 기생이란 말이 가장 많이 등장하는 것도 바로 이 시기다. 중종이 즉위하자 천과흥청 의춘도를 비롯하여 많은 흥청녀들의 죄악을 물어 처벌하였다. 조선기생의 전성기인 연산조에 이르러서는 기생의 간통과 매춘도 현저한 편이었다. 더욱이 여러 사람이 보는 앞에서 벌거벗고 부녀자들을 욕보이던 군주의 기생과의 음란행위는 그때까지 축적된 기생문화의 합목적성을 상당 부분 퇴락시켰다.

다행히 조선 후기 광해군 시절 기생들의 숫자가 세종 때의 수준으로 조절되고 인조 때부터는 기생 수가 줄기 시작했는데 이는 기생의 사회적 기능과 활동이 축소되는 계기가 되었다. 이후 국가에서 기생을 동원하는 일이 줄어들었기 때문에 국가 행사에 올라왔던 지방기생의 일부는 한양에 그대로 머물면서 사적으로 기방을 운영하는 일이 생겼다. 성리학의 확산과 더불어 국가와 왕실에서의 기생의 수요는 점점 감소되었다. 영조 때 제작된

『속대전』에는, 기존의『경국대전』에서 '지방에서 3년에 한 번씩 기생 150명을 뽑아 올려 보내라'고 했던 조항이 없어지고, '진연 때만 기생 52명을 뽑아 올리라'는 새 조항이 만들어졌다. 조선 초기에는 군주와 신하의 화합을 도모하는 회례연, 임금이 솔선하여 노인을 접대하는 양로연, 문무백관과 왕실의 친인척 등이 정을 쌓는 진연이라는 세 가지 국가적 연회가 있었는데, 조선 후기에는 진연이 지방 백성까지 격려하는 국가적 연회의 중심이 되었다.

지방의 경우 조선 후기에 이르러 교방을 설치하기까지 조선 초기에는 외국 사신을 영접하고 변방의 군사를 위로하기 위해 기생을 두게 되었다. 조선시대 서북쪽에 기생 수가 많았던 것도 중국과 조선의 사신이 오가는 길목이자 국경 지역 군사들이 많았기 때문이다. 기생이 가장 많이 배치된 곳은 군사의 요충지인 병영·수영으로서 이 군영 안에 있던 관기를 영기라 했다. 변방 군사기지에 배치된 방직기생은 바느질, 빨래 등 병사들의 수발을 들고 잠자리 시중도 듦으로써 현지처의 역할을 했다. 그다음으로 기생이 많은 곳은 사신이 지나가는 지역이었다. 실제로 지방관아 소속의 교방에 속한 기생들의 숫자는 중국과 조선의 사신들이 왕래하던 개성, 황주, 평양, 안주, 정주, 의주 등에 많은 편이었고 일본과 조선의 사신 행로인 충주, 안동, 경주, 부산 등지에도 기생이 많았다.

지방기생의 숫자는 고을의 규모에 따라 달랐는데, 감영이나 병영에는 100~200여 명의 기생이 소속되어 있었고, 목이나 부의 경우 60~80명, 군에는 40명, 고을 규모가 가장 작은 현에는 10여 명이 있었으며, 조선 후기로 가면서 인원이 더 많아졌다고 한다. 기생안 중에 가장 많은 수를 보여주고 있다는 1750년 전라 감영에도 32명밖에 없었을 만큼 감영기생의 수적 통계는 일정치 않다. 『춘향전』의 점고(인원점검) 과정에서 남원관기 19명이 등장하듯이 한 고을에는 일반적으로 20명 내외의 기생이 있었다고 할 만하다. 전국에 분포된 지방기생의 수는 중앙기생의 수와 비교할 수 없을 정도로 많았다.

기생으로 가장 유명한 평양의 경우 기생 수가 보통 100여 명 내외였지만 16세기 말에는 200여 명이 되었고 18세기 말에는 300명에 이르렀다. "평안감사도 저 싫으면 그만"이라는 말이 나온 것도 평양이 예쁜 기생이 많은 '색향'이었기 때문이다. 평양은 유흥을 상징하는 흐드러진 버들이 많아 '유경(柳京)'이라고도 불려왔다. 흥선대원군이 조선의 세 가지 병폐로 충청도 양반, 전라도 아전과 함께 평양기생을 들었던 것은 흥미로운 일이다. 고종 말년에 국가에 경사가 이어져 잔치를 하는 데 뽑혀온 기생 중 평양기생이 가장 많았고 진주·대구·해주가 그 다음이었다(『조선해어화사』)고 한다.

1910년대 진주권번의 기생 수는 150~160여 명에 이르렀을 만큼 규모가 컸다. 진주는 세계 기생문화사에서 보기 힘든 『교방가요』(정현석 저)라는 책의 제작 배경이 되었는데, 1872년에 편찬된 『교방가요』는 진주기생의 가무 활동을 기록한 문헌이다. 또한 진주에서는 지금도 기생을 예술문화자원으로 활용한 축제가 성행하고 있으며 이로 인해 많은 관광자원이 유입되고 있다. 그리고 조선시대 크게 활동했던 진주교방의 맥을 잇는 단체가 현재도 존재하고 있다. 한편 평양기생보다 좀 더 높게 평가되었던 것이 평북 지역의 강계기생으로 조선기생 하면 "일강계, 이평양, 삼진주"라고도 했다. 이유원(1814~1888)은 8도에서 교방이 융성한 곳으로 북청만 한 데가 없어 기생의 수가 300~400명에 이르는데 이는 한양 교방보다 많은 것(『임하필기』)이라고 했다.

조선 후기 점차 감소되어오던 기생의 숫자는 19세기 말 경에 이르러 급감하였다. 그리고 마침내 갑오개혁(1894)으로 노비제도가 폐지되면서 기생들도 천민신분에서 해방되었다. 개혁의 일환으로 장악원이 해체되고 궁중과 지방관아에 속한 기생안을 혁파하여 약 300명의 관기가 해고되었다. 1905년 여악이 폐지되고 1907년 내의원 의녀와 상의원 침선비가 폐지되면서 마침내 일제 통감부에 의해 1909년 관기제도는 완전히 사라지게 되었다. 당시 뛰어난 예술가적 자질을 지녔던 흥선대원군은 관기제도가 허물어져가는 것을 복원하고 기생을 예기로 기르려 애쓰기도 했다.

기생들은 자구책 마련에 나서야 했고 일자리를 찾기 위해 지방의 기생들이 서울로 상경함으로써 기생조합이 생겨나기 시작했다. 최초의 기생조합은 1909년 4월에 생긴 한성기생조합이다. 1913년에 평양을 비롯한 서도 출신의 무부기생들 30여 명이 다동조합을 구성했으며 여기에 맞서 서울 출신을 중심으로 남도 출신의 유부기생들이 한성기생조합의 이름을 바꿔 광교기생조합을 구성하였다. 이때 기부(기생서방)가 없는 자리는 포주가 대신했다.

경찰 주도하에 만들어진 한성기생조합과 달리 다동기생조합과 광교기생조합은 조선기생의 전통과 의사가 반영되어 만들어졌다. 일제의 단속령에 의해 기생은 반드시 경시청에 신고하여 인가증을 받고 조합원으로 세금을 내면서 활동해야 했다. 기생조합에서는 시간에 따라 기생이 받는 화대, 일명 놀음차(해웃값)를 정해 신문에 광고하기도 했다. 기생 활동을 통제하는 단속령이 내려지면서 기생에 대한 일패 이패 삼패의 구분이 예기와 창기로 바뀌고 모두 속칭 기생으로 불리기도 했다.

기생조합들은 1914년부터는 이름을 권번(券番, 기생조합의 일본식 명칭)으로 바꾸었다. 가령 다동기생조합은 1918년 대정권번으로 바뀌었는데, 대정(大正)이란 1912년에 시작된 일본 천황의 연호요, 대정권번은 조선권번으로 다시 개칭됐다. 광교기생조합은 한성권번으로 바뀌는 등 서울에 있는 기생조합이 먼저 권번으로 바뀌고 1920년대에는 전국적으로 바뀌었다. 권번 시기를 맞아 우리의 기생문화는 일본 문화와의 갈등 속에서 영향을 받게 되었다. 1924년 당시 서울에 있었던 4대 권번은 가장 규모가 컸던 한성권번을 비롯하여 한남권번, 대정권번, 조선권번이다. 이 중 한성권번과 한남권번만 조선인이 경영하였고, 대정권번은 일본인이 경영했으며 조선권번은 친일파 송병준(1858~1925)이 맡아 운영하였다.

기생을 교육하고 관리하던 권번에 소속된 기생들은 사회 참여 방식과 자신의 생존에 대해 깊이 고민하였다. 어려운 단체를 지원하고 이재민을 원조하기 위한 후원회, 모금회 성격의 연주회는 사회의 긍정적인 인식과 그녀들의 자존심을 고취시켰다.

  다양한 활동과 더불어 그녀들의 가장 중요한 일터로는 요리집이 많았다. 한말 요리집의 기원인 일본식 요리집에 이어 조선의 요리집이 생기게 되었는데 그중 명월관은 우리나라 최초의 근대 요리집이자 가장 유명한 기생집이었다. 지금의 동아일보 자리에 있던 2층 양옥집인 명월관은 1909년에 궁중의 잔치 음식을 도맡았던 안순환(1871~1942)이 지어 개업하였다. 관기 제도가 폐지되고 궁중의 연예에 참여하던 300~400명의 기생들이 이곳으로 모여들어 명성이 자자하게 되었다. 홍련은 명월관 최고의 기생이었는데, 그녀의 미모에 반한 숱한 조선과 일본의 남정네들이 명월관을 찾았고 많은 사람이 그녀와 사랑을 나누다 복상사했다. 초기에는 의친왕 이강을 비롯하여 박영효, 이완용 등 고위 관료들이 단골이었으며 그 후 최남선, 이광수, 방인근, 김억 등의 문인과 언론인 그리고 애국지사들이 드나들었다.

  이 밖에 서울에 유명한 요리집으로는 광복 후 간첩사건으로 유명한 기생 김소산이 일했다는 국일관, 친일파 박춘금이 김성수에게 권총을 휘둘렀다는 식도원 등이 있었으며, 1930년대는 서울에 약 50개의 요정(고급 요리집)이 있었다. 기생들의 공연은 주로 이들 요리집에 설치된 극장식 무대에서 이루어졌다.

18세기부터 기생의 등급이 생겼다고 보지만, 사실상 19세기 말 개항 후 일본이 공창을 허용하면서 조선의 기생들은 일패, 이패, 삼패로 나뉘게 되었다고 할 수 있다. 일패란 여악으로 궁중이나 국가의 의례에 나아가 가무를 하는 일급기생으로 본래의 역할을 충실히 행하는 관기를 총칭하기도 한다. 일패기생 가운데 국왕이나 고관대작들의 총애를 받거나 국가에 공이 있을 경우 당상관(정3품 이상)의 작위까지도 받았다. 이패는 관가나 재상집에 출입하는 기생으로서 기생의 품위를 유지하면서 숨어서 매음한다 하여 은근짜(隱君子)로 불리며 이 가운데는 첩 노릇을 하는 이들이 많았다. 지방의 소도시에 있던 주탕도 여기에 속했다. 삼패는 술자리에서 품격이 떨어지는 잡가나 부르며 내놓고 매음하는 유녀로 탑앙모리 또는 더벅머리라 불리기도 했다. 이능화는 기생의 등급이 한양에만 있는 것이라 했다.

무엇보다 갑오개혁 이후 노비에서 풀려난 기생들이 자신들을 몸 파는 창녀들과 구분하기 위해 이와 같이 나눈 것으로 짐작된다. 그러나 관기제도가 폐지되고 활동을 억압받으면서 오히려 기생과 창기가 무분별하게 취급되는 결과가 초래되기에 이른다. 다시 말해 일제 침략 이후 일본식 유곽(공창지역)이 생기면서 몸을 파는 창녀들이 번성하는 가운데 우리의 기생문화는 극도로 문란해졌다. 특히 권번제도를 도입하면서 기생은 '가무와 몸을 파는 기생' 이미지로 정착되어갔다. 게다가 일제시대의 기생 수를 보면, 전국적으로 대략 2,000~4,000명 정도의 기생이 있었다.

1924년 5월 조선총독부가 발표한 통계자료에 의하면 조선기생은 3,400명 정도였다. 일제강점기 기생의 역사적 정통성이 무시된 채 분별 없이 기생의 수가 많아지면서 예인으로서의 기생과 몸을 파는 창녀의 구분이 모호해지는 불행한 결과가 전개되었다.

그러나 조선시대 수많은 인사들이 관직을 잃어가면서 흠모할 정도로 명기가 많았으며, 그 잠재력 위에 자존심을 지킨 일패기생 덕분에 망국의 시기에도 우리의 전통문화가 계승될 수 있었다. 예기인 자신을 이패기생과 함께 놀게 했다고 요리집에 항의하자 주인이 기생조합에 찾아가서 손이 발이 되도록 빌었던(『매일신보』 1913) 사건도 있다. 고종 때 박제형은 "관기는 가마를 타고 쓰개를 머리에서부터 전신을 덮어 얼굴만 드러냈으나 창기는 감히 가마도 타지 못하게 했다."(『근세조선정감』)고 전한다. 이렇듯 많은 기생들은 일제 시기까지 문화예술인으로서의 역사적 소임을 다했으며 나아가 국가의 존립과 발전에 능동적으로 참여하며 사회적 역할을 충실히 해냈다.

우리 역사에 등장하는 수많은 명기들은 능력에 따라 다양한 삶의 모습을 보였다. 무엇보다 기생의 본질에 가장 부합하게 예술가로서의 자질이 탁월한 여성들이 많았다. 구체적으로는 시를 잘 짓는 시기, 노래를 잘하는 가기, 춤을 잘 추는 무기, 악기를 잘 다루는 현기, 그림을 잘 그리는 화기 등이 있었다. 또한 자색과 재주가 출중한 가기(佳妓)를 비롯하여 지혜와 해학이 돋보이는 지기(智妓), 사랑의 진정성을 드높인 절기, 국가적 충성이 투철한 의기, 가정적으로 효성스런 효기 등도 많았다.

특히 기생이 없었다면 시조를 포함하는 한국의 전통 시가문화는 초라함을 면치 못했을 것이다. 다행히 기생들의 가사·민요·창가·잡가·시조 등을 모은 시가집『악부』가 전하고 있고, 가사 형식 등 14편의 글이 담긴 문집『소수록』도 전한다.『해동가요』에는 '명기 9인'이라 하여 기생문인으로 황진이·홍장·소춘풍 등을 들고 있다. 자유롭고 섬세한 감성을 지닌 기생들의 시가는 한국문학사에 찬란한 빛을 발하고 있다. 김억(1895~?)은 조선 여류문인들의 시선집『꽃다발』을 출간하면서 사대부가문 아낙네들의 노래와 달리 소실과 기생의 작품에는 조금도 감정을 거짓으로 조작한 흔적이 없다고 했다.

고려 때 시를 잘 짓던 기생은 끊어지다시피 하여 동인홍과 우돌 두 사람뿐이라 한다. 조선조에 들어와서는 송도기생 황진이, 부안기생 이매창, 진주기생 난향 등의 시가 맑고 뛰어나서 중국의 설도나 홍불에 뒤지지 않을 정도인데, 전해지는 시가 많지 않은 것이 유감이라 한다(『조선해어화사』).

선조 때 15세이던 진주기생 승이교는 천성이 총명하고 작품이 정묘하여 성장하면 큰 시인이 될 것이라 믿었다(『송계만록』). 마관(馬官) 김인갑의 사랑을 받아 시를 배웠는데, 그녀는 시법을 해득했으며 작품이 청려한 데가 있었다. 대표적인 시가 "강양관 안에 서풍이 일어나니 / 뒷산은 붉게 물들고 앞강은 맑아 / 비단창에 달 밝으니 벌레 소리 목메어 / 외로운 베개 찬 이불에 잠 못 이루네(江陽館裏西風起 後山欲醉前江淸 紗窓月白百蟲咽 孤枕衾寒夢不成),"(「秋夜有感」)이다. 그녀가 세상을 하직하자 스승이었던 윤선도(1587~1671)가 시를 지어 추모하기도 했다.

김창협(1651~1708)이 관서관찰사로 있을 때 자색이 빼어난 기생이 많았는데 계향이란 기생은 시 짓는 재주가 뛰어났다. 18세기 함경도 정평기생 취련(자 일타홍)이는 설도에 비견될 정도로 문장이 훌륭한 여인이었다. 19세기 전반 해주기생 금선이가 남긴 한시집에는 무려 87수 정도의 시가 실려 있으며, 19세기 말 김해기생 강담운(1850?~미상)의 시집은 지방 관기들의 일상생활과 내면의식을 잘 보여준다. 19세기 성천기생 김부용(호 운초)은 익히 알려진 대로 시재가 탁월했으므로 그녀의 한시는 근대 기생들의 교과서가 되었다. 이처럼 기생들은 남성의 영역이라는 한시 창작에 능력을 보였으며, 매창 · 담운 · 운초의 경우 주위 사람에 의해 시집이 출간되는 호사를 누렸다.

한편 기생이 아니더라도 여성으로서 서화로 이름을 남긴다는 것은 매우 어려운 일이었다. 19세기 말의 평양기생 죽향은 한때 평양에 수령으로 부임했던 이두포의 첩이 되었던 적도 있다. 대나무를 자신의 이미지로 선택하여 호를 삼았을 뿐만 아니라 대나무 그림을 잘 그렸던 죽향은 동시대 같은 화가였던 기생 운초와 절친한 친구로서 평생 우정을 나누었다. 추사 김정희(1786~1856)와의 스캔들과 자하 신위(1769~1845)가 시 두 편을 써주어 더 유명해졌다. 그녀가 그린 대나무 그림은 상당한 명성을 얻어 당시 지식인들 사이에서도 회자되었고 중국에까지도 알려졌다. 안타깝게 그녀의 그림은 현재 국립중앙박물관에 꽃과 벌레를 그린 〈화조화 훼초충도〉 13첩만 남아 있다. 죽향은 묵죽화뿐만 아니라 화조화에도 능력이 뛰어났다.

죽향과 같은 평양기생이던 진홍도 서화책을 싸놓고 지낼 만큼 그림을 잘 그렸고 만홍도 난초와 대나무를 그리는 데 법도가 있었다. 바로 위에서 말한, 성천기생 운초 김부용은 19세기 중반 이후 다른 기생들의 희망이 되고, 근대 시기 소설의 주인공이 되었던 시인이자 화가였다.

한 몸에 여러 지체를 가졌으나 모든 지체가 같은 기능을 하지 않듯이 자질과 행적에 따라 기생을 구분할 수 있다. 다만 위에서 언급한, 예술과 관련된 다양한 능력을 지닌 기생 외에도 말 타는 재주가 뛰어난 기생, 바둑을 잘 두는 기생 등 기생이 지닌 여러 재능과 업적을 배제할 수는 없다. 또한 서경기생 진주가 뛰어난 미인이면서도 시를 잘 썼듯이(『조선해어화사』) 기생의 성격을 하나로만 국한하기는 사실 힘들며. 기생으로서 얼굴이 예쁘더라도 재주와 겸비될 때 오롯이 그 자색을 인정받았다는 점은 더욱 간과할 수 없다. 특히 악가무뿐만 아니라 시서화 등 복합적인 문화예술적 역량을 계발하면서 인격의 수양도 중시했다는 점에서 기생은 요즘의 연예인보다 고품격의 예능인이었다고 할 수 있다. 이렇게 볼 때 남성들한테 기생이란 동시대 여성에게서 발견할 수 있는 매력의 집약체였을 것으로 추정된다.

일제강점기 시간이 지날수록 점점 예능과 풍류는 없고 얼굴만을 중시하는 화초기생, 벙어리기생들이 판을 치면서 기생과 창녀의 구분이 더욱 모호해진 것은 안타까운 일이다. 이미 조선 내 일본인 거류지를 중심으로 도입되기 시작한 공창제는 1905년 통감부가 설치되면서 보다 본격적인 성매매의 제도화 과정에 돌입하였다. 1908년 경시청령에 의해 조선인 영업자들에 대한 통제가 강화되었는데, 기생도 창녀와 비슷한 존재로 취급되어 당국으로부터 영업허가를 받고 조합에 가입하여 엄격한 감시 속에 활동해야 했다. 통제의 핵심 내용은 성병검사였다. 일제는 건강진단을 의무화하고 성병에 걸렸을 때는 지체 없이 영업을 정지시키거나 금지시켰다. 조선총독부는 안내 책자나 홍보 포스터 등을 제작하여 조선에 대한 부정적 인상을 알리는 데 기생 이미지를 이용하기도 했다.

1914년부터 기생을 관리하던 권번제도는 일제의 강요로 제2차 세계대전 시기인 1942년에 폐지되었으며, 해방 이후에는 사실상 기생의 소멸과 함께 기생이란 개념이 사라지게 되었다. 해방 후 그때까지 존재했던 기생들 가운데 능력이 있는 기생은 연예인으로 전환하였고, 그 나머지는 대도시의 요정으로 흘러들어가게 되었으며, 그 밖에 기생 일을 그만두고 평범한 생업을 찾아간 여성들도 적지 않다.

한때 일본인을 대상으로 하는 요정에서의 '기생파티'가 우리의 주요 관광 상품으로 등장하여 이슈화된 적도 있다. "도둑놈은 한 죄, 잃은 놈은 열 죄"라 하듯이 남의 탓만 할 것은 아니다. 아직도 기생을 접대부 정도로 인식하거나 호기심의 대상으로 폄하하려는 데 대해 관련 학계나 분별력 있는 국민들은 비판적 입장을 취하면서 한국의 역사와 문화에 대한 새로운 관심과 각성을 촉구하고 있는 실정이다.

조선시대까지 기생이 공공의 여악을 목적으로 존재했음에도 불구하고 서비스 직업과 천한 신분이란 편견과 제약에 갇혀 예인으로서의 가치가 평가 절하됐던 점은 유감스럽다. 게다가 일제강점기 저급한 유녀문화의 유입으로 기생이 창녀로 전락하는 성적 이미지의 왜곡 현상은 더욱 안타깝다. 권번이 사라지면서 광복 이후 기생이 없어진 것은 더 큰 아쉬움으로 남는다.

5
기생 교육은 전문적이고 엄격했다

　기생을 출신 지역이나 소속 등에 따라 분류해볼 수 있다. 먼저 기생은 관기(官妓)와 사기(私妓)로 구분되며, 원칙적으로 관기라 할 수 있다. 고려 광종 때 관료체계가 갖추어지면서 관기가 전국 관청에 배치되었다. 즉 고려시대 중앙관료제도의 정착과 함께 사노비들이 국가 소유로 바뀌는 과정에서 관청 소속의 관기들이 생겨나게 되었으며 이 관기 제도는 조선시대로 이어졌다. 따라서 고려시대 기생은 관청에 속한 경우가 대부분이었고 조선의 기생도 일반적으로 모두 관청에 소속된 공공의 관기였다. 여기서 관청은 지방관청으로 이해되고 있다.

　기생이 아프거나 사정이 생겨 나오지 못할 때 휴가를 수락하는 것도 관청의 호장이었고, 조직의 이탈을 막기 위한 소집점검으로서 한 달에 두 차례씩 치러진 점고를 주관하는 이도 향리의 우두머리인 호장이었다. 기생의 관리 체계는 행수기생에서부터 올라가 수노와 호방을 거쳐 이 호장에 이르고 끝에 수령으로 이어졌다. 시간이 지날수록 개인이 소유한 가기, 민간에서 일하는 민기 등 사사로이 운영되는 사기도 생겨났는데 사기는 권문세가에 적을 두고 있어 기능만 기생일 뿐 실제로는 사비(私婢)일 뿐이다.

기생을 다시 한양기생과 지방기생으로 나눌 수 있다. 한양기생은 모두 장악원 소속이었고 그녀들은 궁중 행사에서의 가무인 여악이 주된 업무였다. 한양기생은 지방기생들보다 미모에서뿐만 아니라 자질도 월등했다. 따라서 지방기생 중에 자색이 뛰어나고 재주가 있으면 한양기생으로 뽑혀 올라오곤 했다. 지방기생에게도 원칙적으로 여악이 가장 중요하였으나 지방기생들 업무의 상당량은 관행적으로 고관의 수청에 있었다. 그리고 지방기생에는 관가에서 물을 긷거나 청소를 하는 여종 즉 수급비(일명 무자이)와 달리 웃음을 팔며 침실 수청을 드는 주탕까지 포함되기도 했다.

물론 기생들은 자신들을 관리하고 교육하는 기관에 따라 그 유형이 달라질 수 있다. 크게 장악원이나 교방에 예속되어 있는 일반기생을 비롯하여 내의원 혹은 혜민서에 속한 약방기생, 상의원에 소속된 상방기생으로 나누어질 수 있다. 일반기생이 아닌 의녀들은 연산군 이후에 기생의 역할을 겸했기에 약방기생이라 불리는 경우가 많았다. 신윤복이 그린 〈청금상련〉에는 고위층 양반들이 기생들과 연못가에서 유흥을 즐기는데 기생 가운데는 가리마를 쓴 의녀도 있다. 조선 후기 작자 미상의 〈후원유연도〉라는 풍속화에도 뒤뜰에서 선비들과 함께 잔치를 베풀고 노는, 가리마를 쓴 의녀의 모습이 잘 드러나 있다. 개화기 이후에 간호사를 혐오한 이유도 종래 기생이라 호칭했던 것과 무관하지 않다. 한편 바느질을 맡았던 침선비는 상의원 소속이나 일반기생 역할도 했기 때문에 세속에서 상방기생이라 하였다. 이 약방기생과 상방기생은 당대 최일류 기생이었고, 이른바 이 양방기생을 재상이 되는 것보다 어렵다고 해서 '기생재상'이라고 부르기도 했다. 옷고름에 침통을 차고 다니는, 지위가 약간 높던 약방기생은 머리에 검은색 무늬가 있는 비단 가리마를 썼고 상방기생은 검은색의 일반 천으로 된 가리마를 썼다.

19세기의 풍속화가 기산 김준근의 『기산풍속도첩』에 나오는 〈가곡선생〉이라는 제목의 그림을 보면 머리를 올리지 않은 어린 기생 둘이 소리 선생으로부터 노래를 배우고 있다. 조선의 기생들은 어렸을 때부터 착실하게 노래와 춤, 시서화 등을 학습함으로써 조선 예능 발달의 가교 역할을 할 수 있었다.

경상도 창령에서 출생하여 대구기생조합에서 공부를 하고 11세에 한양으로 올라온 오옥엽(1900~?)이라는 기생은 교육의 가치와 소신을 몸으로 강력하게 주장한 바 있다. "저는 전에 공부할 때에 선생의 발길에 얼마나 몹시 차였던지 그 후부터 병이 들었는데 지금은 적이 되어 항상 가슴에 매달려 있으니 그것이 공부한 효험이지요. 그 고생을 해가면서도 공부를 했기에 지금 이렇게 이름이 났으니 이후에도 더욱 연구하여 남에게 칭찬을 더 받고 싶습

니다.("매일신보」 1914)

기생은 특수재능을 보유한 연예인으로서 기관이나 관청에 소속되어 공적 의무를 다해야 했다. 그리고 자신들의 직무를 원활히 수행하기 위해서는 당연히 체계적인 교육이 필요했다. 그 기생 교육을 담당한 곳이 교방과 장악원이었다. 교방은 고려 초부터 조선에 걸쳐 꾸준히 기생의 예능 교육을 맡아왔고, 장악원은 조선 초부터 궁중에서 연행되는 음악과 무용에 관한 교육 및 모든 일을 맡아보았다.

고려시대에는 기생을 가르치는 교육기관으로 중앙에 교방이 있었다. 당나라의 제도를 받아들여 기생들이 악기와 노래와 춤을 익히도록 설치한 것이다. 교방에서 교육받은 기생들은 궁중 의례, 외교사절 접대, 팔관회·연등회 같은 국가 행사에 참여했다.

현종 때 이미 교방이 있었고, 문종 때는 팔관회와 연등회 등에서 여악이 처음으로 쓰였다("고려사』). 문종 27년에 교방의 기생 진경 등 13인이 연등회에서 〈답사행가무〉를 펼쳤고, 팔관회에서 교방의 기생 초영이 새로 전해진 〈구장기별기〉 등을 연행하는데 그 절도가 잘 갖추어져 잃어버린 예법을 볼 수 있었다. 문종 31년에는 연등회가 열려 임금이 중광전에 나아가 음악을 감상할 때 교방의 기생 초영을 비롯하여 55명의 왕실 연주단이 당악정재인 〈왕모대가무〉를 추었다. 여악을 즐기던 예종 때는 궁궐에 기생이 미어졌으며, 명종 때는 교방의 화원옥이 자색과 예능에 한때 으뜸이었다("파한집』). 충렬왕 5년(1279)에는 지방 각 고을의 기생 중 아름답고 재주 있는 자를 뽑아 올려 교방이 가득 찼다.

조선은 건국과 함께 장악원에서 궁중의 모든 음악과 무용을 관장했다. 조선 초기 장악서와 악학도감의 전통을 이은 장악원은 성종 1년(1470) 이후 고종 광무 1년(1897)의 기구 개편과 함께 교방사로 개칭될 때까지 427년 동안 활동한 국립음악기관이다. 그리고 세조 때 장악원 하부의 좌방과 우방만을 합쳐 교방이라 불렀고 조선 후기에는 지방에도 교방을 설치했다. 교방에 소속된 기생들은 각종 의식에 대비하여 악기, 노래, 춤을 익혔는데 여악이 폐지된 조선 말기에는 궁중의 내연에 참여하기도 하여 궁중과 지방의 가무를 두루 담당해야 했다. 특히 조선시대 읍성 내의 가장 중요한 위치에 왕권을 상징하는 건물, 즉 고을을 찾는 관리들의 숙소인 '객사'가 있고 그 근처에는 기생을 관리하고 교육하는 '교방'이 존재했다.

조선시대 궁중의식에 따르는 음악과 무용은 장악원 소속의 악생·악공·여악·무동 등에 의하여 공연되었으며 이들의 연주·노래·춤 등의 교육은 전악(정6품) 이하 체아직(임시직)의 녹관들이 수행하였다. 광해군이 장악원에서 음악과 무용의 연습이 잘되고 있는지 묻자 예조에서 "장악원에 문의해본 결과 관현악의 연주는 연습이 되오나……"라고 답했다. 국가가 기생들의 교육을 담당하는 장악원에 대해 깊이 관심을 갖는 정황이 잘 드러난다. 인조 21년에 장악원에서 악사·악공·악생을 정했으며, 궁중 잔치 때에는 기생 52명을 뽑아서 올렸고(『문헌비고』), 영조 20년에도 기생 52명을 가려서 올렸다(『속대전』)는 기록이 있다. 이처럼 궁중 행사에 기생들의 참여가 필수적이었던 만큼 교육기관에서의 역할이 중요했다. 1897년 대한제국 광무 원년만 하더라도 제조(감독) 이하 772명의 예인들이 있었으나 1910년 한일합병 이후로는 장악원 규모가 급격히 축소되고 쇠퇴의 길로 가면서 교육도 취약해졌다.

궁중연향에서 정재(춤)를 공연할 기생이 선발되면 습의(연습)가 시작되는데, 국왕은 정재를 일정 수준에 올리지 못한 감독자를 호되게 질책할 정도로 교육에 관심을 보였다. 의례절차가 복잡한 외연보다는 비교적 단순한 내연에서 습의가 많이 이루어졌다. 이는 습의의 중심이 의식보다는 정재였다는 단서가 된다. 기생들은 평소에 습의용 의상으로 연습을 하다가 마지막 습의에서는 모든 사람들이 제대로 의상을 갖추어 입고 실제 연향처럼 연습했다. 이러한 모습은 현재 실제 공연을 앞두고 치르는 최종 리허설의 형태와도 비슷하다. 습의가 끝난 뒤에 기생에게 포상도 했으며, 습의기간에 일정한 급료가 지급되기도 했다.

지방기생들은 교방에서 일정한 교육을 받으면서 예능을 익혔다. 국가 행사 때 선발되어 상경했던 기생들로 인해 교육내용이 지방에 어느 정도 영향을 미치기도 했을 것이나 각 지방마다 연주, 노래와 춤 등에서 고유한 특색을 지니고 있었다. 예를 들면 〈진주검무〉가 지금도 주목받고 있듯이 진주 교방에서는 8명의 기생들이 군복을 입고 추는 팔검무를 정교하게 가르쳤다. 평양기생은 〈관산융마〉를 잘 부르고, 영남기생은 광대의 단가를 잘 불렀으며, 선천기생은 〈항장무〉를 잘 추었다고 하는 만큼 충실히 교육을 시켰을 것이다. 〈관산융마〉는 두보(712~770)의 행적과 관련된 것으로 신광수(1712~1775)가 시를 짓고 그가 사랑했던 평양기생 모란이 노래를 불러 크게 알려진 뒤 평안도 일대에 유행되었다. 〈항장무〉는 한나라 시조 유방(재위 BC 202~BC 195)과 초나라 항우(BC 232~BC 202)가 대결하는 역사적 사건을 배경으로 하는 칼춤이다. 특별히 교방이 융성했다는 북청에는 병영이 있었기 때문에 교방에서 기생에게 말 달리는 재주를 가르쳤고, 제주에서도 기생들에게 말 타는 법을 가르쳤다.

조선시대에도 국가 행사에서 가무를 능숙하게 공연할 수 있도록 기생들의 교육이 교방에서 활발히 이루어졌음을 알 수 있다. 실학자 이규경(1788~1856)은 우리나라의 이러한 교방 교육을 통한 여악이 중국의 유명한 사대부들에 의해 칭송된 것은 이상한 일이라고 하면서 명이나 일본의 사신이 왔을 때도 이 여악을 사용하였다(『오주연문장전산고』)고 했다.

어린 기생이 12~13세 정도가 되면 기생안에 이름을 올리게 된다. 기생안에 이름이 올랐다고 해서 바로 기생 고유의 역할을 하는 것은 아니다. 그때부터 관청에서 각종 심부름을 하는 한편 교방에서 정식으로 수업을 받으면서 제대로 기생으로 성장해갈 수 있는 기반을 닦게 된다. 교방의 관기들은 거의 매일 배우고 익히는 혹독한 훈련을 했다. 그리고 일정한 과정의 학습이 끝나고

나면 기생의 우두머리인 행수기생의 통제에 따라야 했다. 행수기생은 엄정한 규율로 기생들을 다스렸으며, 기생들의 일과나 사소한 생활까지 간섭하였다.

한편 동기가 필요한 수업을 어느 정도 마치고 나이가 15~16세가 되면 남자를 받게 된다. 『소수록』에 따르면 황해도 해주기생 명선(1830~?)은 12세에 황해도 관찰사와 처음 잠자리를 같이 했다. 명선이 고백했듯이 실제로 동기라면 7~8세가 되고 5~6년만 더 지나면 남자를 경험했을 것이다. 조선의 대문호 박지원(1737 ~1805)은 안의현감 시절 자신을 찾아온 제자이자 친구인 박제가 (1750~1805)에게 13세 된 기생과 동침토록 했다. 이렇듯 기생이 12~13세에 남자와 잠자리를 가졌다는 것이 당시에는 드문 일이 아니라 할 수 있다. 『조선해어화사』에 의하면 도내 각 고을 수령이 업무차 감영에 가면, 감사는 어린 기생을 보내 동침하게 하고 또 머리를 얹어주게 하며 돈이나 비단으로 상을 내리면 그 기생집에서는 잔치를 베풀어서 기생들을 먹였다. '머리를 얹어준다', '초야권을 얻는다' 하여 맨 처음 서방이 된 자가 댕기를 풀어 쪽을 만들고 비녀를 꽂아서 신부처럼 꾸며주던 것이 사실상 기생의 출발이었다. 이 하룻밤을 통과해야 동기를 벗어나 비로소 기생이 되는 것이다.

기생으로서 본격적으로 활동을 시작하는 15~16세가 되기 전에 기생들은 능력이 뛰어난 전문가로서뿐만 아니라 인격을 갖춘 교양인이 되기 위해 최선의 노력을 하지 않으면 안 되었다. 무엇보다 직업의 속상상 집단의 분위기를 온화하게 하거나 타인과의 만남을 즐겁게 하는 데 필요한 소양을 갖춰야 했다. 그녀들이 주로 상대하는 부류가 신분이 높은 왕족이나 지적 수준이 있는 사대부들이었으므로 더욱 정밀한 교육이 요구되었다. 기생집에서 하지 말아야 할 다섯 가지 행동이라는 '기방오불' 가운데 '문자를 쓰지 말라'는 내용이 들어 있는 것도 기생들이 교육을 철저하게 받았기 때문이다. 기생들은 다양한 능력, 인간적 덕성을 연마한 만큼 웬만한 사대부 못지않은 식견과 품위를 지니고 있었다. 남자라도 학식과 인격이 정말 뛰어나지 않은 이상 망신당하기 십상이었다.

교방, 장악원 등 교육기관의 교육과정은 크게 둘로 나뉘는데, 하나는 교양 부문이고 다른 하나는 예능 부문이라 할 수 있다. 교양 교육에서는 앉는 법, 걷는 법, 인사법, 대화법, 식사법 등 예절을 중점적으로 가르쳤다. 특별히 시간과 노력이 요구되는 것은 예능 교육이라 하겠는데 먼저 기생은 노래와 춤을 기본으로 글씨, 회화 등 여러 가지 기예를 제대로 익혀야 했다. 노래 가운데는 수준 높은 시조, 가사, 가곡을 중시하면서 저급한 잡가나 판소리 등은 배제시켰다. 물론 19세기 이후 고창기생 진채선(1847~ ?)이 여성 판소리 명창으로 등극하고 허금파 · 강소춘 등 여류 명창이 나오면서 그동안의 금기는 허물어지기 시작했다. 거문고나 당비파와 같이 필수적으로 배워야 할 악기가 있고, 그 외에 전공 악기를 한 가지씩 습득해야 했으며 악기마다 악사, 즉 선생이 따로 있었다.

　이렇듯 교양 있는 전문가 양성을 목표로 기생의 교육과정이 심도 있고 체계적일 뿐만 아니라 교육방식이 매우 엄격하여 기생들은 회초리를 맞아가면서 학습해야 했다. 다 배운 뒤에는 관리 감독을 맡았던 제조가 성취도를 직접 시험하였으며, 수준에 이르지 못하면 벌을 주거나 아예 보따리를 싸서 고향으로 돌려보냈다. 실록에 의하면 명종 3년(1548) 대사헌 구수담(1500~1549)은 "기생을 선택해서 국악을 교습시켜 알맞은 시기에 상경케 해야 하지만 그 교습이 심히 어려워 일조일석에 이룰 수가 없습니다."라면서 왕이 기예가 익숙한 기생에게는 배우지 말도록 명령한 것은 극히 부당하다고 직언한 바 있다. 이와 같이 조선사회는 기생 교육의 중요성과 더불어 교육의 어려움에 깊이 공감하고 있었다.

　조선 초「세종실록」에 보면 관기의 교육기간은 해마다 더운 여름과 추운 겨울을 제외한 6개월 동안, 즉 2월부터 4월까지 8월부터 10월까지이며, 교육은 격일로 진행했다고 기록되어 있다. 18세기 말의 가사작품인「순창가」에는 기생들이 교방에서 5일마다 한 번씩 음악수업에 참가해 기예훈련을 받고 바느질 등의 갖가지 노동으로 힘겨운 나날을 보내며, 게으름을 피우거나 잘못하면 볼기를 맞는다고 되어 있다. 교육과정을 온전히 이수한다는 것이 이렇듯 엄중하기에 지방의 관기들 상당수는 자신의 집에서 가무를 배움으로써 사실상 일정한 법칙에 따라 가무를 하는 자가 드물었다고 할 수 있다.

근대시기 관기 제도 폐지 이후에도 교육은 멈추지 않았다. 교육의 중요성을 잘 알고 있었던 진주기생 네 명은 일신학교 대지를 무상으로 희사한 독지가들에게 점심을 제공하기 위해 의연금을 모았다. 황해도 사리원의 가난한 예기인 오유색은 입학이 어려운 아동을 구제하고자 사리원 제2보통학교를 설립한다는 소식을 듣고 100원을 기부함으로써 부유한 계층에 작은 충격을 주었다(『동아일보』 1933). 원산 제1보교 졸업생인 춘성권번의 송학선은 제2보교 증설비로 300원을 희사하여 모교가 감격하였다(『동아일보』 1936). 이 밖에도 기생 최금홍 등 웃음과 눈물로 모은 돈을 교육을 위해 아끼지 않고 기부했던 기생이 많았다.

권번의 기생들은 신문물을 가장 먼저 접하는 계층이기에 더욱 자신들의 정체성에 대한 고민이 치열하였다. 그녀들 중에는 국가와 사회에 기여하는 길을 찾고자 하면서 신여성으로 살겠다는 각오를 다짐하는 기생도 많았다. 무엇보다 권번은 기생의 양성을 책임지는 교육기관으로서의 조직을 갖추어나갔다. 서울·평양·진주·대구·부산 등 대도시에 있었던 권번은 사회가 요구하는 예능인을 배출할 수 있을 만큼 다양한 내용과 철저한 방식으로 교육을 시키고자 했다. 권번에서는 학생들에게 예능뿐만 아니라 교양·일본어 등을 학습시켜 현장에 내보냈다.

1929년 『중외일보』에 실린 기사 일부에 주목할 수 있다. 진주에서는 권번에 입적하여 기예를 익히는 과정의 기생을 '학생기생'이라 하였다. 학생기생은 3년간 월사금을 2원씩 내고 국악 전반에 관해 학습을 하게 된다. 또한 배우는 학과에 따라 자신이 부족한 부분은 따로 수업료를 내야 했다. 이렇듯 진주기생들은 3년 동안 월사금을 내야 하는 학생기생들의 처지에서 월사금 삭감에 대한 구체적인 처우 개선까지도 경영자 측에 요구한 바 있다.

조선시대 교육보다는 수준이 떨어지긴 했지만 권번을 통해 활동하는 기생들의 경우에도 어느 정도 교육이 이루어졌다. 서울에 있던 대정권번에서는 20여 명 단위로 학습이 이루어졌다. 구한말의 이왕직 아악부에 속해 있던 하규일(1867~1937)과 악사 11명이 기생을 가르쳤다. 하규일은 한국 가곡의 거장으로 전북 진안군수를 지내던 중 한일합병이 조인되자 관직을 떠나 음악에 전념하였다. 20세기 정악은 민속악만큼 확산되지 못하고 겨우 명맥을 이어나갈 정도의 미미한 형세였다. 이런 추세 속에서 정악의 단절을 걱정한 나머지 1911년 탄생된 것이 조선정악전습소라는 교육기관이었다. 이미 1909년 서울 도동에 우리나라 최초의 사설 음악 단체인 조양구락부가 조선의 음악을 발전시킬 목적으로 한국음악과 서양음악을 가르치고 있었다. 하규일은 이 조양구락부의 후신인 조선정악전습소의 학감을 맡게 되었다. 그는 1913년에 서울에 남아 있는 지방기생들을 규합하여 다동기생조합을 창립하고 이를 '조선정악전습소 여악분실'이라 이름 붙였다. 하규일은 기생들에게 가곡, 시조 같은 정가는 물론이고 기악, 무용까지 지도했다. 주수봉이 경기잡가를, 조영학이 가야금 산조를 가르쳤다.

기생조합의 춤 선생으로는 다동조합의 하규일, 광교조합의 장계춘(1848~1946), 평양조합의 이기수, 진주조합의 김창조(1865~ 1919) 등이 유명했으며, 특히 한성준(1875~1941)은 원각사를 비롯 하여 여러 기생조합에서 〈승무〉와 기타 민속춤을 가르쳤다. 조합 들의 이름이 권번으로 바뀌고 우후죽순으로 생긴 권번들은 어린 기생들을 교육시키는 기생학교까지 부설하며 꾸준히 예능 중심의 교육을 실시해왔다. 이와 같은 권번들의 역할 때문에 정악의 흐름 이 단절되지 않고 오늘에 이어지고 있는 것이다. 4대 권번에 비해 교육 수준이 상당히 떨어지는 삼패기생들의 권번인 경성권번, 종 로권번 등도 있었다.

지방의 여러 권번 중에서 가장 유명했던 기성(평양의 옛 지명) 권번의 학예부는 1921년에 평양에 설립된 근대적 기생 교육기관 이다. 조선 유일의 기생학교라는 '기성권번 학예부'(속칭 평양기생학 교)는 1930년대 초에 '기성기생양성소'로 그 명칭이 바뀌었다. 기 생조합의 효시였던 한성권번도 기생학교 인가를 받았으며 종로권 번도 기생학교를 만들기로 했다는 등의 기록들은 있으나 실체가 남아 있지는 않다. 대동강변에 있었던 '평양기생학교'는 조직의 운영이나 교육의 내용 면에서 탁월했다.

학교 운영을 위해 학감, 부학감, 교사 등의 교직원을 두었다. 학생들의 입학 연령은 8세부터 20세까지였고, 매년 60명이 입학 하여 3년간 체계적 교육을 받고 졸업할 수 있었다. 학기제도는 1 학기(4.1~8.31), 2학기(9.1~12.31), 3학기(1.1~3.31)로 운영되었다.

매년 3월에 학기말고사를 통과해야 하며 시험과 상벌 등에 대한 규정을 상세히 갖추어놓았다. 수업은 월요일부터 토요일까지 진행되었다. 교수방법이 엄정했는데, 가령 음악수업의 경우 그날 오후에 가르친 것을 다음 날 아침까지 외우게 하며 이틀 동안 동일한 대목을 계속 반복시키고 3일째 새로운 곡을 가르쳤다. 행실이 좋지 않고 규칙을 위반하는 자에게는 퇴학을 명령할 수 있었다. 1930년경 쌀 한 가마에 1원 50전이던 당시 입학금은 2원이었다. 수업료는 1개월 단위로 납부하는데 1학년은 2원, 2학년은 2원 50전, 3학년은 3원이었다.

시조, 가곡, 검무, 가야금, 시문, 서예, 사군자, 일본어 등의 교과목을 개설하였는데 그중에서도 '노래'를 가장 비중 있게 다뤘다. 학생들이 졸업 후 대중가수로 많이 진출한 것도 이와 무관하지 않다. 1926년 스웨덴 황태자인 구스타프 6세 아돌프(Gustaf VI Adolf, 1882~1973)가 평양에 와서 김옥란(1884~1955?)을 비롯한 기생들이 추는 〈승무〉를 보고 몹시 반했다는 기록이 신문에 보도된 바도 있다. 춤에 관해서만 보더라도 검무를 비롯한 전통춤이 상당히 중시되었고, 일본의 레뷰댄스와 서양의 사교댄스도 주요 교과목이었다. 사교댄스 교육을 위해서는 1년에 몇 차례씩 일본에서 교사를 초빙해왔다. 이처럼 학칙에 따라 체계적인 교육과정을 마련하여 운영하고 있었다.

평양기생학교 학생들은 최고의 기생이 되기 위한 밀도 있는 수업을 받으며 그 기량을 키워갔다. 학생들은 학교를 벗어나 요리집 누각이나 극장 무대에서 가무연주회를 개최하기도 했다. 당시 언론에서는 "밤마다 구경하러 나오는 사람들이 구름같이 몰려들었다."고 보도했다. 평양기생학교의 설립으로 1914년 37명에 불과했던 평양기생은 1940년에는 600여 명으로 늘어났다. 당시 미와 끼를 갖춘 조선시대 최고의 예능인을 길러내는 평양기생학교는 일본인을 비롯한 외국인들의 평양관광 필수코스로 자리 잡았다.

일제가 1942년 제2차 세계대전에 총력을 기울인다는 방침을 내걸고 전국의 권번을 강제로 폐지하기까지 기생 교육은 계속되었고, 평양기생학교는 혹독한 일제강점기 마지막까지 노래와 춤 등 한국문화 발전을 위한 기생의 예능 교육에 책임을 다하려 했다.

당대 최고의 전문직 여성으로서 고도의 지식과 기술을 갖춰야 하는 의녀(여의)는 법에 따라 엄격하게 선발을 했고, 의녀의 교육 또한 각별했다. 태종 6년(1406) 부녀자 질병을 남성 의원이 진료하게 되면 부녀자들이 보이기를 꺼려 사망하는 일이 있으니 어린 여자 수십 명을 선발하여 진맥, 침, 뜸의 방법을 가르쳐 진료를 해야 한다는 지제생원사 허도의 건의에 따라 생겨난 것이 의녀다. 태종 18년(1418)에는 13세 이하 여자 10명을 더 뽑았다.

태종대 중앙의 관노비 중에서 선발하던 의녀제도를 세종 5년(1423)에 이르러 확대해가면서 삼남지방의 관비 중 10세 이상 15

세 이하의 어리고 영리한 여자 두 명씩을 뽑아 지방의녀로 키우고자 했다. 연령의 범위도 차차 넓어져 세종 16년(1434)에는 12세 이상 30세 이하의 중앙관청의 노비 및 기생의 딸 또는 지방의 노비들 중에서 선발하였다.

세종 5년 의료기관을 관할하는 예조에서는 의녀가 되기 위해 뽑혀온 자들에게 제생원으로 하여금 먼저 글자 해독을 위해 『천자문』, 『효경』, 『정속편』 등을 가르치게 하였다. 그리고 성종 16년(1485)에 12~13세 여자들을 택하여 의녀를 양성할 것을 승정원에 전교하고 의술을 배우기 전에 유교 경전인 4서를 읽게 했다. 의녀들은 전문적인 의술뿐만 아니라 의료인으로서 덕성을 지녀야 했으므로 제생원에서 4서를 가르치고 시험을 치렀던 것이다.

일찍이 세종 16년에는 매일 의서를 읽고, 간병하고, 침놓고, 뜸뜨는 의녀에게 1년에 두 번 쌀을 하사할 것을 명했다는 기사가 보인다. 제생원의 의녀들을 격려하고 권장하기 위해 적으나마 급료가 지급되었던 것이다. 문종 원년(1451)에는 한양에 거주하는 의녀들이라도 생활이 몹시 어려우므로 백미 1석씩을 지급하였다. 직급이 높은 의녀는 보수가 많았다.

세조 9년(1463)에 혜민국(혜민서의 이전 명칭) 제조가 의녀를 교육하고 매월 시험보아 성적이 우수한 자 세 명에게는 3개월치 급료를 상으로 주고 성적이 불량한 자는 혜민서 다모(茶母)*로 정해

---

* 조선시대 일반 관사에서 차와 술대접 등의 잡일을 하던 관비이다.

서 벌을 준 다음 합격한 뒤에 본업에 종사하도록 허락했다.

성종 9년(1478) 『경국대전』의 규정에 따르면 의녀는 3등급의 초학의, 간병의, 내의(내의녀)로 나누어지며, 단계별로 승급되었다. 초학의란 처음 배우는 의녀란 뜻으로 간병할 수 없이 학업에만 전념하게 된다. 초학의는 위에서 나온 천자문, 4서 등으로 문자 해득과 인성교육을 거친 뒤 진맥에 관한 『인재직지맥』, 침구에 관한 『동인침혈침구경』, 제약에 관한 『태평혜민화제국방』, 산부인과 처방에 관한 『부인문산서』 등의 책으로 기초공부를 했다. 초학의는 대략 3년 정도 수련을 했는데, 학업 성적이 일정한 수준에 미치지 못하는 경우에는 중간에 봉족(군역 대신 남의 집안일을 돕는 사람)을 빼앗기고 마지막 해에도 개선되지 않으면 의녀가 되기 전인 관아의 종으로 돌아가야 했다.

초학의 3년 기간이 끝나면 간병의가 되는데, 의원을 보조하며 간병을 하는 간병의로서 40세가 지났는데도 전문 분야가 없으면 본래의 노비 신세로 돌아가야 했다. 간병의 중에 성적이 우수한 사람 네 명을 매달 뽑아 그들에게만 급료를 주었다. 간병의 가운데 뛰어난 능력을 보인 두 명을 선발하여 내의로 임명하며 내의녀가 되면 비로소 월급이 나온다.

내의녀 중에서 다시 차비대령의녀, 어의녀로 승급되기도 했다. 조선 후기 22명의 내의녀 가운데 10명이 차비대령의녀로 뽑혔는데 차비대령의녀는 왕이나 왕실 가족의 병환을 대비하여 즉각 현장에 투입하기 위해 대령하는 의녀를 말한다. 임금을 보살피는 어의녀는 대개 내의녀 중에 최고참이 하게 되는데, 조선시대의 대표적인 어의녀 대장금은 무려 20여 년 동안 어의녀로 지냈다.

중종도 의녀에 큰 관심을 갖고 의녀의 임무가 중요하니 정밀하게 가르쳐야 한다고 말했다. 다시 말해 중종 23년 국왕은 반드시 의술에 정통한 사람을 시켜 정성을 다해 의녀를 교육시켜야 한다며 예조에 명하여 가르치고 장려하는 방도를 마련하게 하였다. 그리고 의녀 중에서 어리고 자질이 있는 자를 선택하여 교수와 훈도로 하여금 엄히 가르쳐 드러나게 성과가 있는 자는 내의원에 소속시켜 내의원의 관원 중 의술에 정통한 자를 특별히 정하여 지도하게 했다.

의녀는 크게 혜민서 의녀와 내의원 의녀로 구분된다. 혜민서 의녀의 정원은 70명인데 3년마다 여러 읍의 여노비 중 연소자를 가려서 올려 보냈으며 내의원 의녀는 12명에 불과했다. 혜민서 의녀는 서민을 위해 궐 밖에 있는 혜민서 소속의 의녀로 외의녀라고도 했고, 내의원 의녀는 왕과 왕실을 위해 궐 안에 있는 내의원 소속의 의녀로 내의녀라고도 했다. 흥선대원군의 총애를 받고 가객 안민영(1863~1907)이 아끼던 해주기생 옥소선은 1868년 해주에서 상경하여 5년 뒤 내의원 의녀가 되었으며 그중에서도 우두머리인 행수기생이 되었다(『금옥총부』). 판소리계 소설 「계우사」의 주인공 의양이도 평양에서 올라와 내의원에 소속된 의녀였다. 의녀제도는 조선 후기까지 시행되어 고종 때만 해도 의녀의 수가 80명에 달했다.

양반 중에도 간혹 의술에 능통한 사람이 있었으나 이들은 전의감이나 혜민서에서 교수급으로 근무할 뿐 실제 환자를 치료하지는 않았다. 의료기관의 책임자인 내의원이나 혜민서의 제조에는 이러한 양반들이 임명되었다. 그리고 일반의원은 두 번째 계급인 중인에 속했으나 의녀는 평민 아래의 가장 낮은 천민 계급에 속해 있었다. 의녀는 연산군이 궁중 연회에 예쁘게 단장시켜 수십 명씩 참여시키면서 더욱 천하게 여겨졌다. MBC TV 드라마 〈대장금〉(연출 이병훈, 2003)의 장금이가 활약하는 중종 시대에도 연회에 의녀를 동원하지 말라는 어명이 여러 차례 보이는 것은 폐습이 고쳐지지 않았음을 반증한다.

선조 33년(1600) 의인왕후 박씨가 위독하여 약방제조 김명원이 의술이 특출한 의녀 애종을 입진시키려 하자 임금과 중신들이 그녀의 신분을 문제 삼아 궐내에 출입할 수 없다며 반대했다. 우여곡절 끝에 애종이 의인왕후의 주치의 노릇을 하지만 왕후의 죽음을 막지 못하고 의녀명부에서 삭제되는 중징계를 받고 만 사건은 시사하는 바가 크다. 의녀가 관리들의 술자리에도 참여했던 기생으로서의 운명을 벗어나기 힘들었음을 말해준다. 애종은 의술이 매우 뛰어난 재원인 데다가 미인이어서 그랬는지 '끼가 많다' 즉 음란하다는 악평까지 들어야 했다. 2012년 MBC TV드라마 〈마의〉(연출 이병훈)에 애종(이지선 분)이 등장했다.

우리나라 최초의 공인된 여성 의료인이라고 해야 할 의녀는 요즘으로 치면 의사와 간호사 그리고 약사의 역할까지 겸한 국가

공무원이었지만 신분질서 때문에 사회적으로 천대를 받았다. 한편 의녀들은 최하계층임에도 불구하고 당시 여성으로서는 지적 수준이 높아 의료, 여악 이외의 많은 짐을 지게 되었는데, 혼례를 치르는 가정의 혼수의 사치 여부를 감찰토록 하였고, 궁중이나 사대부 집안의 여성에 관한 범죄를 수사하고 죄인을 체포하는 일까지 맡아보았다.

제주의녀 장덕은 치통과 부스럼을 잘 고친다는 소문이 퍼져 한양에까지 초청될 만큼 화제를 일으킨 인물이었다. 그녀로부터 의술을 전수받은 귀금이가 제자들을 제대로 가르치지 않았다고 성종에게 불려가 벌을 받게 되자 귀금이는 "제가 마음을 다해 가르치지 않는 것이 아니고 그들이 익히지 못할 뿐입니다."(『성종실록』)라고 하였다. 전문적인 의술을 배우는 것이 얼마나 힘든 것인가를 짐작케 하는 사례다. 오늘날 서양의학 교육을 받은 간호사들이 새롭게 등장하면서 의녀의 역할을 계승하는 가운데 한국 여성 의료인으로 크게 성장해가고 있다.

6
기생의 몸치레와 노는 법은 다르다

1914년 1월부터 6월까지 『매일신보』에 특집으로 연재된 「예술계 100인」에 등장하는 90명이 기생이었다. 우리나라만큼 기생이 뛰어난 예술성을 지니고 식견과 교양까지 갖춘 나라는 드물다. 그런데 예능인으로서의 자부심을 보이던 우리의 기생들은 해가 가면서 서서히 기개를 잃고 완강한 신분제도 아래서 자신의 신세를 운명으로 받아들이기 시작했다. '열 번 찍어 안 넘어가는 나무 없다'는 탄식의 소리를 내며 자신들이 상대한 남자가 부지기수임을 고백하는 것을 들을 때면 안타깝기 그지없다.

조선 후기에 이르러 기생들은 관기로서의 공식적 임무 외에 민간의 풍류와 접대 현장에 빈번히 참여했다. 그리고 글 자랑하는 양반만이 아니라 돈 있는 중인층의 남성들을 주 고객으로 확대해 나갔다. 자연스레 기생집이 상업적 분위기 속에서 운영되고 기방의 풍속이 향락적으로 흐르기 시작했다. 일제 시기를 맞아서는 예기와 창녀와의 혼란을 부추기는 식민 세력의 의도 아래 기생문화의 왜곡은 점점 가속화될 수밖에 없었다.

그러나 중세의 가혹한 신분질서와 일제강점기의 민족 탄압 속에서도 우리의 많은 기생들은 참고 버티며 때로는 강력히 맞서면서 자신들의 존재감을 잃지 않으려 애썼다. 그리하여 기생들이 이룩한 전통문화의 계승과 근대문화의 형성 속에 오늘날 한국문화의 새로운 위상을 만들어갈 수 있게 되었다.

관기들은 여성의 법적 결혼 허가 연령인 14세를 근거로 보통 15세부터 본격적으로 기생 일을 시작하여 50세 정년까지 소임을 다하게 된다. 물론 10세 미만의 어린 기생을 동기라 부르고 나이가 든 기생을 노기라 불렀다. 평양기생 박영월은 "대개 기생의 나이 20이면 속담에 환갑이 되어 시세가 글렀다."(『매일신보』 1914)고까지 말했다. 앞에서 말한 「예술계 100인」에서 소개하는 90명의 기생 중 나이를 밝힌 86명 가운데 15~20세까지가 63명이었다. 이런 자료들로 보면 기생의 전성기가 20세 이하에 끝난다고 할 수 있다. 조선시대 서민들의 평균 수명이 35세 정도였음을 감안하더라도 현실적으로 기생이 권력층 남성들의 유희 대상이 될 수 있는 적정 연령은 10대부터 20대까지였을 것이다. 대개 관기 나이 30세가 넘으면 기생 노릇을 그만두고 양반의 소실이 되거나 홀로 선술집(목로주점) 또는 색주가 등을 운영하면서 생계를 꾸려나가야 했다.

대정권번의 기생 전난홍은 기생들이 만든 잡지 『장한』(1927)

창간호에서 "기생은 재상이라"는 말이 있음을 언급하고 나서 "타국의 사신이 와서 그 나라 흥망을 보려면 기생의 복색(몸치레)과 언어와 행동을 보았다."는 속담을 지적하였다. 그리고 당시 기생들에게는 과거 기생과 같은 복색, 언어, 행동이 없음을 안타까워하면서, 그것은 옛 기생과 같은 지조를 갖지 않은 까닭이라 했다. 그녀는 반복하여 복색, 언어, 행동을 강조하며 기생의 미래를 위해서 자신들 스스로 존재 이유에 대해 성찰해보아야 한다고 주장했다. 다시 말해 기생들은 일반 여성들과 달리 우아한 복색, 해학적인 언어, 관능적인 행동을 통해 즐거움을 창출하는 것이 자신들의 직분임을 알고 있었던 것이다.

개인의 성향에 따라 잘 꾸미지도 않고 교태도 잘 부리지 못하는 기생도 있다. 19세기 초 평양기생이던 취란은 화장품이나 노리개 같은 것에 관심이 없고 성품도 담담하였고, 복희 역시 몸가짐이 단정하여 정숙한 여인의 풍모가 있었다(『녹파잡기』). 그러나 기생은 복색과 언어와 행동이 일반 여성과 달라야 하는 직업인이다. 기생들은 곱게 화장을 하고 우아한 자태로 춤도 추며 사람들의 눈을 기쁘게 하고, 때로는 해학적인 언어와 구성진 소리로 분위기를 일신하였으며, 성적 서비스와 정서적 교감으로 즐거움을 끌어올리는 등 자신의 직분에 충실하고자 했다. 고급관리나 어사를 비롯하여 많은 선비들이 기생의 매력에 빠지거나 희롱당한 이야기가 실제로 많이 전하고 있다.

기생의 용모를 포함하는 '복색'에 대한 관심은 외형과 장식을 배격하고 실질과 검소를 강조하던 유교적 이념과 상충된다. 또 심하게 규제를 받지 않고 사치를 부릴 수 있었던 것은 복식이 지위와 신분을 나타내던 현실에 반하는 것이었다. 이렇듯 기생들은 유교적 이념과 계급적 질서에 따른 경직된 시각을 탈피하여 감성을 자극하는 복색의 자유를 누렸다. 그리하여 남자들의 마음을 빼앗음은 물론 일반 여성들의 부러움을 살 수 있었다. 물론 그것에 대해 개탄하고 비난하는 사람들도 있었다. 그러나 기생들이 아름다움을 표출하고 싶어하는 인간들의 욕구를 자연스럽게 드러냈다는 측면에서는 그 의의가 적지 않았다.

『조선해어화사』를 보면 고려시대 여악을 담당했던 기생들의 모습은 멋스럽기 그지없었다. 여러 기생들이 곱게 화장하고 눈앞에 늘어서며 무지개와 깃털 같은 의상은 흩날리는 꽃잎의 천녀와 같고, 아름다운 모습과 어여쁜 자태는 불사약을 훔치러 달나라에 간 선아 같으며, 너울너울 춤추는 소맷자락은 단학이 하늘을 나는 것 같고, 구르는 노랫소리는 마치 숲속에서 지저귀는 예쁜 꾀꼬리 소리 같아, 술 마시는 자리에서는 정명도(1032~1085)의 무심을 보존하기 어렵고 교방에서는 당 현종의 풍류를 자주 만나게 된 것 같다고 했다.

『소수록』에 나오는 19세기 이전 춤추는 기생의 독특한 자태와 우아한 모습은 우리의 시선을 끌기에 적합하다. "체구는 적당하고 자세가 딱이로다. 달걀이 둥근 낯은 복스럽기 그지없고 어여쁘고 고운 모양 백태가 구비로다. 묶어 올린 머리채는 검은 구름 흩어진 듯 새벽별 같은 눈동자는 잔잔하고 맑은 가을물. 백옥 같은 흰 귓불은 은고리가 걸렸는 듯 앵두 같은 입술은 단사를 머금었고, 서른여섯 흰 치아는 조개껍질 세웠도다. 열 손가락 가는 손은 죽순처럼 고와 있고 세 치 작은 예쁜 발엔 봉황 머리 수놓았네. 요요한 가는 허리 하늘거린 버들이요 단아한 앉음새는 눈 가운데 매화로다. 발걸음 사뿐사뿐 금루의 반첩여(BC 48~AD 2)요 춤소매 휘날림은 한나라 궁전의 조비연(BC 45~BC 1)이라."

헤어스타일에서부터 발끝까지의 모습, 그리고 앉음새, 발걸음, 춤소매 등의 움직임 하나하나의 묘사를 통해 기생의 아름다운 자태를 또렷하게 연상할 수 있다. 구름 같은 머리, 반달 같은 눈썹, 가을물 같은 눈동자, 백옥 같은 귓불, 앵두 같은 입술, 연꽃 같은 뺨, 수정 같은 치아, 버들 같은 허리, 죽순 같은 손, 봉황 같은 발 등의 청초하고 우아한 기생의 외모는 인간의 눈을 즐겁게 하고 매료시키기에 부족함이 없었다.

조선 숙종 때 신임사화를 일으켜 정권을 잡았던 조태억(1675~1728)의 처 심씨는 천성적으로 시기와 질투가 심하였다. 이에 남편이 아내를 범 보듯 두려워하며 부인 이외의 여자를 탐한 일이 없었다. 그러던 어느 날 남편이 업무차 평양감영에 내려갔다가 기생의 수청을 들였다는 말을 들은 심씨는 즉시 기생을 혼내주려 평양으로 내려갔다. 그러나 열여덟 살 먹은 그 기생을 만나보니 곱고 아리따운 모습이 볼수록 기이하여 사람의 정신을 황홀케 하였다. 심씨는 "남자가 너 같은 절세미인을 보고 가까이 아니한다면 졸장부일 것이니 내 영감이 어찌 혹하지 않으리오. 내 어찌 너를 하수하겠는가. 네가 우리 영감을 모시도록 하라."고 했다(『청구야담』)는 이야기도 있다.

원칙적으로 기생은 관에 소속되어 있는 공인이기 때문에 임의대로 자기 지역을 떠날 수 없다. 그러므로 관리가 임무를 마치고 나서 기생을 데려오면 안 된다. 그리하여 어느 관리는 기생과 이별한 후에 그녀의 매혹적인 모습을 잊지 못해 안달을 보였다. "무릎 위에 안기는 듯 어깨에 걸치는 듯, 찰솜같이 연한 손을 옆에 잠깐 지르는 듯, 수정같이 맑은 살로 몸에 찬찬 감기는 듯, 천태만상 네 모양이 눈에 암암 귀에 쟁쟁이라."(『소수록』)면서 기생의 어여쁜 맵시를 그리워하였다.

19세기 초 평양기생 경연은 얼굴이 복사꽃처럼 발그레 화사했고, 단아하고 화려한 용모가 남들보다 월등하였다. 고운 치마는 가볍게 펄럭이고 높이 올린 쪽머리는 구름처럼 풍성했다. 곱고 가냘픈 말씨는 사람의 마음을 움직이게 하고 버선을 신은 모습은 귀족의 분위기를 느끼게 했다(『녹파잡기』)고 전한다.

기생들은 얼굴을 분으로 백옥같이 짙게 바르고 눈썹을 먹으로 반달처럼 가늘게 그리며 뺨은 복숭아처럼 입술은 앵두처럼 연지로 붉게 칠하는 등 분대화장을 정성껏 했다. 그리고 헤어스타일은 얼굴을 돋보이게 올린 풍성한 가체(가발), 즉 얹은머리를 기본으로 하고 그 위에 '가린다'는 뜻을 지닌 가리마를 덮어 썼다. 무수리, 의녀, 침선비, 기생은 본인 머리 다발로서 가체를 얹고 그 위에 가리마를 써서 등위를 구별하되 의녀는 검정 비단으로 된 것을 쓰고 나머지는 검정 삼베로 된 것을 쓰게 하였다(『정조실록』). 가체에 대한 사치가 날로 심해져 정조가 발제개혁을 단행하여 가체 대신 족두리를 쓰라는 강력한 명령을 내린 이후 가리마는 차차 사라져갔다. 또한 조선시대 기생들은 머리에 전모를 썼는데 전모란 자루 없는 우산 모양으로, 테두리에 14~16개의 살을 대고 한지를 바른 뒤 기름에 절여 만든, 육각형에서 십각형으로 된 모자다. 그 밖에 기생들은 외출 시 쓰개치마, 장옷 따위 쓰개류를 모두 착용할 수 있었다.

기생의 저고리에는 초록, 노랑, 분홍 등의 바탕에 자주색으로 회장을 달고 소매 끝에는 남색 끝동을 달며 다홍색의 안고름을 달았다. 서민 여성과는 달리 평상시에도 반회장저고리를 입을 수 있었고 행사 때는 삼회장저고리를 입었다. 옷소매는 배래의 곡선이 없는 일자형으로 통이 좁고 저고리의 길이가 짧아 겨드랑이 살이 보이며 흰 치마 말기가 보이도록 했다. 치마는 남색과 옥색이 많았으며 바닥에 끌릴 정도로 길이가 넉넉하여 율동미를 드러냈고 폭이 넓어 속곳을 다 덮었다. 치마를 오른편으로 여미게 해서 양반 부녀와 착용 방식이 구별되게 하였다. 치마 속에는 속곳을 껴입어 둔부를 강조하고 하체가 풍성해 보이도록 했으며 치마 밑으로 속곳을 노출시켜 눈길을 끌게도 했다. 조선 후기에는 통이 넓은 바지로 멋을 냈다. 기생들에게는 양반 부녀와 동등하게 능라 비단이 허용되기도 했다. 옷의 색상도 별 제한 없이 원색을 많이 써서 한층 화려해 보였다. 양반 부녀가 수를 놓은 의상을 입은 경우 가장도 죄를 논했으나 기생은 금하지 않았다(『신보수교집록』).

정조의 어머니인 혜경궁 홍씨(1735~1815)의 회갑연을 기록한 『원행을묘정리의궤』의 〈복식도〉를 보면 합립, 유소, 단의, 통초말군, 홍라삼, 금화라대 등의 몸치레에 관한 묘사가 보인다. 단정하고 후덕함을 요구하는 일반 부녀들의 몸치장이 화려해서는 안 되는 데 비해 기생들의 경우 예외적으로 많이 허용되었을 뿐만 아니라 그녀들은 마음껏 사치를 누렸다. 『춘향전』에 나오는 금봉채, 옥비녀, 은죽절, 밀화장도, 옥장도, 자적댕기, 도투락댕기 등을 봐도 멋을 내기 위한 기생들의 다양한 장신구의 사용을 엿볼 수 있다.

기생의 영혼까지 그리려 했다는 조선의 신윤복(1758~?)의 〈미인도〉는 세계의 미인도 가운데 최고의 걸작으로 평가된다. 이 〈미인도〉는 물론 이인문(1745~1821)의 〈미인도〉를 비롯하여 기생을 그린 어느 미인도를 보아도 머리에 구름같이 큰 가체를 얹고, 저고리는 소매통이 좁아 팔에 피가 통하지 않을 듯하고 길이가 짧아 겨드랑이가 보일 것 같으며, 치마는 부풀려서 하체를 극도로 강조했음을 알 수 있다. 우아하면서도 섹시한 몸치레, 이런 복식과 패션의 기본적인 형태는 유행으로 번져갔고 귀천에 관계없이 모든 여성들의 사랑을 받을 만했다.

기생들의 복색과 맵시를 부러워하는 분위기가 조선사회에 만연했다는 개탄의 소리까지 나오게 되었다. 연산군이 아직 흉포와 방종을 일삼기 전인데도 당시 기생 한 사람의 의복이 평민 열 사람의 의복보다 더 비싸다(『연산군일기』)고 문인 어무적은 상소문을 올렸다. 원칙적으로 몸치레에 드는 비용은 기생 자신이 감당해야 했는데, 기생들의 사치풍조는 조선시대 내내 가시지 않았다. 이러한 부정적 현상에도 불구하고 사치노예로 불리는 기생들의 복식은 조선 후기로 오면서 일반 여성들의 복식에까지 크게 영향을 미쳤다.

근대 시기 기생의 조직 내에는 위계질서가 뚜렷하며 지위에 따라 복색이 달랐는데, 우두머리인 행수기생은 옥색 치마를 입었고 과부나 일반기생 등은 청상(靑裳) 즉 푸른(남색) 치마를 입었다. 통상 양반 부녀자들이 '녹의홍상'이라 하여 녹색 저고리에 다홍색 치마를 입었기 때문이다. 다수의 기생들은 흰 저고리와 남색 치마를 입고 다녔으며, 급수에 따라 기생들의 헤어스타일과 액세서리와 우산도 달랐다. 특히 일패기생들은 값비싼 큰 가발을 얹을 수 있었고, 안경을 쓸 수 있었으며, 수놓은 신을 착용할 수 있었고, 붉은 우산을 들고, 가마를 탈 수 있었다. 기생들은 자신들의 우아한 외모와 호사스런 현실을 스스로 신선의 모습에 견주기도 했다.

해주기생 옥소가 하는 말을 들어보면 자신들이 어떤 마음가짐으로 처신했는지 잘 짐작할 수 있다(『소수록』). 옥소는 "앵무 같은 소리 내니 악기보다 듣기 좋고 / 백옥 같은 맑은 살은 달빛보다 보들보들 / 금은보화 무엇이며 큰 돈 든다 아낄쏜가 / 남자의 일시 호화 우리밖에 또 있는가"라고 기생으로서의 아름다운 자태와 화려한 생활을 자신 있게 뽐냈다. 이어서 옥소는 "그린 눈썹 던진 추파 사람을 낚시하고 / 희롱 겨운 묘한 태도 남자 빠질 구렁이라 / 예쁜 얼굴 낭랑한 말 현혹하는 단약이요 / 하얀 치아 붉은 입술 낭랑한 고운 소리 / 혼을 빼는 진법이라"고 했다. 단아한 용모와 낭랑한 목소리까지 기생이 아니고는 누릴 수 없는 호사를 당당하게 표현하고 있다. 다시 옥소는 기생의 예쁜 얼굴을 그려 흉노를 무찌르니 장수와 같고 아리따운 기생 초선이야말로 왕실 전횡의 원흉들을 제거한 최고의 공신이라 했다.

적어도 "기생 환갑은 서른"이란 속담이 퍼져 있는 만큼 기생들은 자기 직무와 본분을 다 하기 위해서 미모와 젊음을 유지해야 했다. 다 낡아 못 쓰게 되었어도 아직 볼품은 있다는 의미로 사용되는 속담에 "기생 죽은 넋"이라는 말이 있다. 기생이라고 다 그런 것은 아니지만, 기생은 죽어도 그 기본이 남아 있다는 뜻으로서 기생의 멋스럽고 그윽한 자태를 나타내는 말이다. 역사적으로 기생의 아름다운 자색은 커다란 매력으로 이어졌다.

기생으로서 미모를 기반으로 임금의 첩인 후궁의 자리에 오르거나 궁중권력에 가까이 가는 것은 기생이 기대할 수 있는 가장 영예로운 일이었다. 일찍이 고려시대 기생 칠점선(영선옹주)·소매향·연쌍비는 우왕의 후궁으로 봉해졌고(『고려사』) 조선시대 김해 기생 칠점선(화의옹주)도 태조의 후궁이 되어 옹주(숙신옹주)까지 낳은 바 있다. 또한 보천기생 가희아는 키는 크지 않지만 얼굴이 앳되고 인형처럼 예뻤으며 노래도 잘하고 춤에도 뛰어나는 등 재색을 겸비하였다. 그녀를 차지하려고 공신과 종친들이 몽둥이를 들고 대낮에 난투극을 벌였는가 하면 나중엔 여성편력이 심한 태종의 첩이 되기도 하였다.

양녕대군의 세자 자리를 폐위시킨 결정적 인물은 기생 출신의 어리였다. 어리는 재력이 있던 중추부사 곽선의 첩으로 살고자 했으나 양녕을 만나 태도가 바뀌었다. 양녕은 어리를 보는 순간 말을 잃고 숨조차 제대로 쉴 수 없었다. 여성의 외모를 적극적으로 표현하는 데 인색하던 사관들조차 자색이 있다고 적어야 했던 어리의 미모에 반한 것이다. 종친들이 건드렸고 매형 이백강의 첩이었음을 모르고 양녕이 다시 취하고자 했던 기생 칠점생도 미모와 재주가 뛰어났었다. 또한 세종의 후원으로 양녕대군과 애정을 나누며 자녀를 많이 낳고 백년해로했다《기문총화》는 평양기생 정향은 미색이 뛰어나고 지혜롭기 그지없었다.

15세기 평양기생 초요갱은 용모가 빼어나 조정관료들로 하여금 거친 싸움을 벌이게 하고 남이(1441~1468) 장군의 첩이 되어 행복한 삶을 보냈다. 초요갱은 실록에 16번이나 이름을 올린 재예를 갖춘 경국지색으로서 권력의 핵심에 섰던 기생이다. 시골에서 올라온 선비가 모란에게 빠져 가진 것을 모두 잃었던 것처럼 남자들이 기생에게 정신을 빼앗겨 명예를 실추시키고 재산을 탕진할 정도로 미모가 출중했던 기생은 부지기수였다. 모란은 평양기생이었다가 재색이 뛰어나서 한양으로 뽑혀 올라왔다. 효령대군의 첩이었음에도 불구하고 외증손자뻘 되는 남흔과 사통했던 매화라는 기생 역시 미모와 재주를 인정받아 성종 시절 후궁으로까지 올라갔다. 성종 때의 공주기생 홍행은 원래 이효창의 첩이었는데 그녀를 사이에 두고 왕실의 이원과 부사 김칭이 길거리에서 치고받고 싸워 조정에 보고될 만큼 어여쁘고 열정적이었다. 자질이 뛰어나고 깐깐하기로 소문난 대사헌 김승경(1430~1493)도 그녀의 미모에 반하여 가깝게 지내면서 아들까지 낳았다고 하듯이 홍행은 쟁쟁한 권력자들 사이에서 자신의 매력을 한껏 과시했다.

연산군의 후궁이 된 기생 장녹수(?~1506)는 원래 제안대군의 여종이었다. 그녀는 남종과 결혼하여 아들 하나를 낳은 뒤 가무를 배워 기생이 되었다. 입술을 크게 벌리지 않아도 소리가 맑게 울려 퍼질 만큼 노래를 잘 불렀고, 당시 30세가 넘었으나 10대처럼 앳되어 보이며 교태와 아부를 견줄 여자가 없었다. 그녀를 보고 한눈에 반한 연산군은 궁궐로 데려와 종4품 숙원에 봉하고 항상 곁에 두었다. 왕자를 셋이나 낳은 장녹수에게 미색과 노래는 기생으로서의 큰 자산이었다. 명종 때 임백령(?~1546)이 절세미인이었던 평양기생 옥매향을 두고 질투하여 윤임(1487~1545)을 역모로 몰았던 것이 바로 을사사화의 발단이다. 『춘향전』의 월매가 딸 춘향이를 기생점고에서 빼낼 수 있을 만큼 재산을 많이 모았던 것도 춘향이의 미모와 재주가 뛰어났기에 가능했다. 일제강점기 나이 21세에 중국 상하이로 유학길에 올랐던 기성권번의 장연홍은 의

식기생, 사상기생으로 활동했으며, 뛰어난 미모와 몸가짐으로 당대 이름을 날렸던 명기이다.

기생들은 외모만으로 자신을 뽐내지 않았다. 오히려 단순히 얼굴만 예뻐서는 비난받기 십상이었기 때문이다. 미모로 이름을 떨쳤던 한양기생 소춘풍도 가무와 시문에 뛰어났었다. 기생들에게 자색만큼이나 자신을 드러낼 수 있는 재능이 요구되었다. 그렇다고 재능만 강조되지는 않았으니 성현(1439~1504)은 "재주뿐 아니라 색도 겸해야지 / 물고기 눈과 구슬을 혼동해선 안 되네"라고 했던 것이다. 마침내 외형과 내실이 조화로운 경지에 이른 '색예(色藝)', '재모(才貌)', '재색(才色)'으로 인정받을 수 있었다.

기생들은 몸을 예쁘게 가꾸며 복색만 화려하게 꾸민 것이 아니었다. 뿐만 아니라 사랑과 성으로 이어지는 농염한 행동만이 기생놀음의 전부는 아니었다. 기생들은 때로 정신적 주체가 되고자 했고 스스로 판단하여 상황을 호전시키기도 했다. 무엇보다 이는 '언어'를 통한 해학과 골계로 나타났다.

기생답게 살았다는 옥소마저도 "가인이 없다 마오 재자는 그 뉘시오 / 구름 뜻 물 마음은 타고난 기생 성정"이라 말했다. 이는 기생이 남성들을 향해 고운 자색을 과시하면서 오히려 멋진 남성이 없음을 지적하고 나아가 자신들이 정결한 심성을 지녔음을 자부하고 있는 주장이다. 이어 옥소는 "노류장화 웃지 마소 꺾고자 다 꺾으며 / 아무 남자 아내지만 얻고자 다 얻을까 / 공경재상 뜻

없으니 무뢰배에 정 있을까 / 하고 많은 떠돌이야 화류장 깊은 뜻을 / 아느냐 모르느냐"(『소수록』)라고 인간의 속물근성을 배척하는 순수정신을 선포했다.

자색이 빼어난 평양기생 현옥이나 나섬은 돈보다도 사람을 귀하게 여겼으며, 평양기생 일지홍은 기생을 운명으로 받아들이면서도 다른 기생들이 웃음을 파는 꼴을 보면 부끄럽다면서 금과 옥을 산더미같이 가져와도 자기의 뜻을 꺾을 수는 없다(『녹파잡기』)고 했다. 기생들은 직업상 많은 남성들을 상대는 하지만 결코 마음까지는 내주지 않는 자존감을 드러내었다. 기생들의 우아한 모습과 고상한 정신을 간과할 수 없는 중요한 이유다. 실제로 기생을 두고 "고운 자태는 월궁의 선녀요 맑은 정신은 가을 달빛"(『소수록』)이라 말하기도 했다.

무엇보다 기생들은 인생과 현실의 무료함과 답답함을 풀어줄 우스갯소리와 시적 풍류를 통한 해학과 재치의 골계미를 표출하고 즐겼다. 그녀들은 권력 있고 재물이 있어도 풍류와 인격이 없는 남자들을 꺼리고 때로는 골탕을 먹이곤 했다. 풍류와 인격은 우스갯소리와 해학시 같은 재미와 여유에서 나온다고 기생들은 생각했을 것이다.

우스갯소리를 모아놓은 『고금소총』에서는 언어유희에 근본이 있고 격조가 있어야 한다고 경계하였다. "순우곤, 동방삭은 우스갯소리로써 명성을 얻은 사람들이다. 그러나 아무 근거 없는 허무맹랑한 말이었기에 널리 숭상되지는 않았다. 근래 오성과 현곡은 유능한 관리였다. 그런데도 우스갯소리를 즐기는 것은 인간적인 본성인가? 아니면 세상을 풍자하려는 의도인가? 아무튼 우스갯소리 하는 데는 단연 으뜸이라 하겠다. 또한 조원범의 망발은 인간으로서 따라 할 수 없는 하늘이 내려준 재치임에 틀림없다. 그 명성이 결코 우연한 것이 아니다. 모두 우리를 기쁘게 해주는 웃음거리로서 계속 전해지는 것은 당연하다."고 했다. 우스갯소리가 단순히 말장난에 그치는 것이 아니라 사실적이고 풍자적일 때 세상을 여유롭고 유쾌하게 하는 큰 힘이 있음을 강조한 것이다.

기생들에게는 무릇 남자들을 놀라게 할 만한 우스갯소리의 언어적 유희가 번뜩였고 그녀들이 보여준 골계미는 세상을 즐겁게 하고 풍자하는 의미가 있었다. 정승 배극렴(1325~1392)과 상대했던 송도기생 설매(설중매)는 행실이 음란하기는 했으나 미모와 함께 기지가 뛰어났다(『연려실기술』). 조선의 태조가 개국공신들을 모아놓고 베푼 잔치에서 설매가 술을 따르게 되었다. 배극렴이 "내 들으니 너희들은 아침에는 이 집에서 먹고 저녁이면 저 집에서 잔다는데, 오늘은 이 늙은이와 베개를 함께함이 어떻겠는가." 하였다. 희롱을 당한 설매는 "동가식서가숙하는 이 천한 기생이야말로 왕씨도 섬기고 이씨도 섬기는 정승과 어찌 천생연분이 아니겠습니까."라고 답했다. 그러자 자리에 있던 고관대작들이 모두 얼굴을 붉혔다. 기생들은 사람의 마음을 움직일 수 있는 능란한 수완과 권력을 무색하게 할 수 있는 지혜가 있었다.

사대부들이 그랬던 것처럼 기생들도 상대방을 떠보기 위한 언어적 유희로 재치와 기개를 뽐냈다. 15세기 조정의 고관 하나가 성주기생 영산홍과 정을 통하고 나서 장난삼아 붓을 잡고 그녀에게 그동안 관계한 남성들에 대해 등급을 정해보라 했다. 영산홍이 "먼저 이 아무개를 쓰고 다음에 아무개를 쓰고 또 그 다음에 아무개를 쓰십시오."라고 하였다. 관리가 말하길 "나는 그 서열에 들 수 없느냐?"고 하니 영산홍이 말하길 "낭군님의 모습은 이 아무개와 비슷하시니 그 말미에 참여할 수 있습니다."라고 하였다. 관리가 붓을 던져버리고 손바닥만 만지작거렸다(『송계만록』).

명종 때의 문인으로 알려진 유진동(1497~1561)이 지방의 군무를 감찰하기 위하여 감군어사로 파견되어 가니 평안감사가 어사를 위해 부벽루에서 크게 연회를 베풀었다. 감군어사가 도착하여 기생들을 보고 "평양의 교방이 언제 혁파되었느냐?"고 말했다. 기생 중에 인물이 없음을 비꼬아서 한 말인데, 사방에 아무 반응이 없자 평안감사가 "어사 물음에 어찌 답이 없느냐?"고 말했다. 순간 무정개라는 기생이 나와서 "감군어사를 언제 다시 세웁니까?"라고 했다. 감사가 크게 기뻐서 무정개에게 후히 상을 주었다(『어우야담』).

선조 때 문의현감으로 있던 홍난상(1553~?)이 충청도 관찰사인 유근이 도내 수령들과 큰 잔치를 벌이는 곳에 참석한 일이 있다. 밤을 새워 풍악 속에 술을 마시고 취흥이 무르익는 판에 갑자기 닭 울음소리가 들렸다. 날이 밝는 것이 싫었던 유근이 무슨 소리냐고 묻자 그때 기생 양대운이 "이 소리는 강가의 백로 울음이

옵니다."라고 답하였다. 관찰사는 대답이 자기 마음에 드는지라 좋아하며 기생의 재치를 칭찬하고 좌중으로 하여금 시를 읊게 했다. 홍난상이 한 수를 지었는데, 3~4구에서 "가인은 풍류의 흥 깨질까 두려워하여 / 닭 소리를 백로 소리라 웃으며 말하도다(佳人恐敗風流興 笑道鷄聲是鷺聲)."라고 하였다. 이 시가 회자되어 충청도 많은 사족들이 끝 구절을 가지고 제목으로 삼아 시를 지었다(『어우야담』).

조선 중기에 기생이 재상을 놀린 재미있는 사건이 있다. 호남의 이름난 기생 추향이는 재상인 이귀(1557~1633)에게 자주 편지를 썼는데 편지 끝에는 늘 "글재주가 없어 이만 줄입니다."라는 말을 붙였다. 하루는 이귀가 "네 편지에 '글재주가 없어 이만 줄입니다'라는 구절을 정말 싫증나도록 보게 되는구나."라고 조롱하듯 말했다. 이에 추향이는 곧바로 "소인도 대감 말씀에 '진실로 황공하고 진실로 두렵습니다'라고 하는 구절을 정말 지겹도록 봅니다요."라고 대답했다(『고금소총』). 분개를 잘하는 성격의 이귀는 젊은 시절부터 수없이 글을 올려 임금의 잘못을 지적하니 사람들이 그를 가리켜 '상소귀신'이라 불렀다. 그런데 상소문 위에는 통상 '신 아무개는 진실로 황공하고 진실로 두려워 머리를 조아리고 머리를 조아립니다'라고 써야 했던 것이다.

이능화는 앞에서 언급한 설매가 배극렴을 풍자한 것, 무정개가 어사의 말에 응대한 것을 비롯하여 『어우야담』에 나오는 기생 장본이 백광훈(1537~1582)을 조소한 것이라든지, 무정개가 창

두의 말에 대꾸한 것 등을 예로 들면서 우스갯소리의 효용을 한껏 끌어올렸다. 이능화는 기생이 해학을 잘하는 것은 시를 잘하는 데에 비견될 뿐만 아니라 한층 색다른 데가 있고 술자리에서 흥을 돕고 웃음꽃을 피우게 하는 것은 천금을 줘도 아깝지 않다(『조선해어화사』)고까지 하였다.

음담패설에서도 여지없이 기생의 역할이 부각된다. 문헌 소화(笑話)에 "나이 든 생원이 밤새껏 기생을 끼고 누웠는데도 궐물이 전혀 일어나지 않는지라 기생이 '소녀의 음호가 생원 댁의 옛날 무덤*입니까?……'라고 하니 생원이 얼굴을 붉힐 뿐 꾸짖지 못했다."(『어수록』)는 이야기가 있다. 한편 한 사나이가 아버지의 기일에 이불 속으로 기생을 끌어들여 성기를 꽂았다가 즉시 빼며 우쭐대자 기생이 "도둑이 이미 집에 들어왔다가 물건도 훔치지 않고 도망한다고 해서 도둑의 이름을 면할 수야 있겠소."(『어면순』)라고 한 우스갯소리도 있다. 남성들의 성적 무능과 부도덕성을 성토하는 기생들의 해학적 육담이다.

해학을 유발하는 시와 관련하여 살펴보자면 『양은천미』에 나오는 이야기부터 주목할 수 있다. 부유했던 김수천이라는 소년이 가산을 탕진하고 의지할 곳 없이 남의 집 담 밑에 앉아 있다가 기생 하나가 지나가자 한숨 속에 시 한 수를 지었다. 시를 듣고 화답을 한 평양기생 소매는 '철인이 철인을 아낀다'며 그 소년을 데리

---

* 기생은 자신의 음문을 무덤에, 양반의 궐물을 시체에 비유했다.

고 자기 집에 돌아와 평생을 함께하였다.

　기생들은 성적 본능이나 지적 감각을 자극하는 희화적인 태도로 술자리 여흥을 돋우는 가운데 시적 풍류를 통해 자신들의 독특한 놀음 방식을 드러냈다. 다른 예술보다 성찰적 비판적 기능이 강한 문학을 통해서 기생들의 풍자와 골계는 잘 나타나고 있다.

　『용재총화』에 따르면 조선 초기의 선비 전목이 충주기생 금란을 사랑하였다. 전목이 한양으로 돌아가면서 금란에게 다른 사내는 만나지 말라고 당부하니 금란은 월악(충주에 있는 산)이 무너질지라도 자신의 마음은 변치 않는다고 했다. 뒤에 금란이 단월 역승(丞=관직명)을 사랑한다는 말을 들은 전목이 "들으니 단월 역승을 사랑하여 / 밤마다 역을 향해 분주히 달리도다 / 어느 때든 육모방망이를 들고 내려가 / 약속한 월악이 무너졌느냐고 묻겠노라(聞汝便憐斷月丞 夜深常向驛奔騰 何時手執三稜杖 歸問心期月嶽崩)" 라고 시를 지어 보냈다. 이에 금란이 다음과 같이 화답하는 시를 지었다. "북에는 전군 남에는 역승이 있으니 / 첩의 마음 정할 곳 없어 구름에서 노니는 것을 / 만약 맹세해서 산이 변한다면 / 월악이 지금 몇 번째 무너졌겠소(北有全君南有丞 妾心無定似雲騰 若將盟誓山如變 月嶽于今幾度崩)." 기생의 간교한 심사와 선비의 순진한 모습이 대비되기도 하지만 냉대받고 기롱당하는 나약한 처지의 기생의 변명치고는 명쾌하기 그지없다. 그만큼 기생의 태도가 주체적이며 재치가 번뜩인다고 할 수 있다. 시적 상상 속에서 현실을 수용하면서 저항을 담고 있는 기생의 해학정신을 엿보게 된다.

성종 때의 장성기생 노아에 대한 이야기가 『동국시화휘성』에 전한다. 기생 노아의 용모와 재예가 당시 으뜸이었는데 부임해 오는 관리마다 그녀에게 미혹되어 고을의 큰 폐단이 되었다. 어사 노모가 남쪽으로 내려가는 날 노아를 곤장으로 죽이겠다고 공언하였다. 노아가 꾀를 내어 여관에 불러들였다. 선녀같이 아름다운 모습에 어사는 밤새도록 떨어지지 못했다. 노아가 "저는 귀한 분의 총애를 받았고 이제는 다른 사람에게 시집갈 수 없으니 팔 위에 이름을 남겨서 후일의 증거로 삼고 싶습니다."라고 말했다. 어사가 흔연히 자기 이름을 팔 위에 써주었다. 어사가 장성에 들어가 노아를 잡아들여 휘장으로 가리고 죄를 추궁했다. 노아가 절구한 수를 지어 올렸다. "노아의 팔에 있는 것은 누구의 이름인가 / 얼음 같은 피부에 먹물 들어가니 글자마다 선명하네 / 차라리 깊은 강물을 말리게 할지언정 / 이 마음은 끝내 처음 맹세 저버리지 않으리(蘆兒臂上是誰名 墨入氷膚字字明 寧使川原江水盡 此心終不負初盟)." 어사가 비로소 노아의 꾀에 넘어간 것을 알고 그날 밤에 도망가버렸다. 조정에 돌아오자 임금이 그 말을 듣고 웃으며 특명을 내려 노아를 어사에게 하사했다. 겉으로는 노아가 어사에게 절조를 다짐하는 것 같지만 속으로는 사대부의 권위와 위선을 비웃는 것이다. 기생 노아는 특유의 재치와 시적 해학을 통해 인간의 허세를 비판하였다.

조선중기 풍류 시인 임제(1549~1587)는 평양기생 한우를 만나게 되었다. 임제는 말로만 듣던 한우를 만나게 되어 반가웠으나 차분하게 "북천이 맑다커늘 우장 없이 길을 나니 / 산에는 눈이 오고 들에는 찬비로다 / 오늘은 찬비 맞았으니 얼어 잘까 하노라"라고 한우를 떠보았다. 기생 이름 '한우'가 사물 '차가운 비'로 대치되고 있음이 돋보인다. 임제의 희롱에 한우는 기개와 해학으로 재치 있게 응수하였다. "어이 얼어 자리 무슨 일로 얼어 자리 / 원앙침 비취금을 어디 두고 얼어 자리 / 오늘은 찬비 맞았으니 녹아 잘까 하노라." 그녀는 즉흥적으로 농염한 사랑의 감정을 잘 드러냈다. 고운 베개와 이불이 준비되어 있는 만큼 임을 맞아 행복한 밤을 보내겠다는 적극적인 성 의식이 표출되었다. 한우가 임제를 만난 그날 밤 두 사람은 동침했다(『해동가요』)고 한다. 내용적으로는 농염한 성적 유희에 해당하지만 그렇다고 음란한 태도로 남성을 유혹하는 천박한 기생의 모습을 떠올리기는 힘들다. 오히려 위 시는 고도의 자유와 해학이 용납될 수 있는 관계에서나 오갈 수 있는 사랑가이며, 따라서 기생 한우에게서 재색을 겸비한 여인의 멋스러움과 풍류를 엿볼 수 있다.

평안북도 강계기생 진옥도 정철(1536~1593)과 희화적인 시를 주고받은 바 있다. 정철이 희롱 삼아 "옥을 옥이라커늘 번옥만 여겼더니 / 이제야 보아하니 진옥일시 적실하다 / 내게 살송곳 있으니 뚫어볼까 하노라"라고 읊었다. 그러자, 진옥은 거침없이 "철이 철이라커늘 섭철만 여겼더니 / 이제야 보아하니 정철일시 분명하다 / 내게 골풀무 있으니 녹여볼까 하노라"고 화답했다. 조선을 대표하는 문장가로 극찬받던 정철의 성적 희롱에 대담하게 성애를 표현하는 기개와 재치가 뛰어나다. 광해군(1575~1641)을 왕세자로 세우려 했다는 이유로 명천에 유배되었다가 다시 강계로 쫓겨와 있는 정철을 정성껏 섬김으로써 그녀는 첩이 될 수 있었다.* 앞서 정철이 가짜 옥이 아닌 진옥을 말했듯이 진옥도 잡것이 섞이지 않은 정철로 화답했다. 그리고 남자의 성기를 은유한 '살송곳'에 여자의 성기를 상징하는 '골풀무'**의 대응은 성적 이미지 구축에 중심 역할을 한다. 주색을 가까이했던 정철과 자유로이 교류할 수 있었던 기생 진옥의 활달한 기상과 시적 감각이 번뜩인다.

영흥기생 소춘풍은 시적 유희를 통해 무지한 남성들을 곤혹스럽게 하는 해학과 기지의 골계미를 보여주었다(『오산설림초고』). 성종이 잔치를 베푼 자리에서 소춘풍에게 원하는 사람한테 술잔을 올리라 하자 병조판서를 지나쳐 대제학에게 잔을 올리며 "명석한 선비를 어디 두고 무인을 좇으리"라 읊자 병조판서가 불쾌해하였고, 다시 병조판서를 향해 "문무가 다 같은 신하인데 무관을 어찌 아니 좇으리"라고 노래했다. 모두가 그녀의 농담과 재치에 놀라고 성종은 크게 기뻐서 선물을 한아름 주었으며 이로부터 소춘풍의 명성은 조선을 떠들썩하게 했다. 19세기 실학자 이규경은

---

* 마치 평양기생 의양이가 무숙이를 지혜롭게 수발함으로서 무숙이 처가 의양이에게 고마워하며 첩으로 받아들였던 것처럼 송강 부인 유씨의 서신 속에는 남편의 유배 생활을 위로해주는 진옥에 대한 고마움이 적혀 있다.

** 풀무는 대장간에서 쇠를 달구거나 또는 녹이기 위하여 화덕에 뜨거운 공기를 불어넣는 기구로서 골풀무가 있다는 것은 살송곳이 들어오면 뜨거운 열기로 녹여버리겠다는 뜻이다.

소춘풍에 관한 이야기를 언급하며, 융성한 시대의 운치 있는 일이 었다(『오주연문장전산고』)고 평가한 바 있다.

대표적 기생문인이었던 황진이나 이매창에게서도 재치와 해학을 드러낸 시적 풍류를 충분히 느낄 수 있다. 황진이는 왕족의 권위로 다가오는 벽계수를 만나 시로써 인격이 부족함을 깨닫게 했고, 이매창은 어설프게 달려드는 풍류객들을 멋진 시가를 통해 굴복시켰다.

사적으로 남자를 상대하는 기생의 역할 가운데 하나인 '행동'은 선정적인 사랑놀음이라 할 수 있다. 물론 기생이라 하여 남자들의 성적 요구에 무조건 허락하지는 않았다. 사대부들의 수청을 거부하기도 하고 도망가기도 하는 등 성관계를 스스로 선택하기도 했다. 춘화 속의 기생들을 보더라도 중국과 달리 수동적인 자세가 아니라 남자들을 데리고 노는 것처럼 교만함도 느껴진다.

『대동기문』에 나오는 바와 같이 효종 시절 왕실가문의 오성군은 기방 출입을 일과로 삼아 호걸로 일컬어지는 사람이었다. 나이 80이 가까웠을 때 어떤 사람이 기생집에 드나들게 된 이유를 묻자 오성군은 한숨을 쉬며 대답했다. 어느 날 이웃에 사는 무인 하나가 자신을 속여서 데려간 곳이 기생집이었는데 처음에는 황당하여 집으로 돌아가려 하니 사람들이 말리며 주저앉혔다. 잠시 뒤 기생이 나타나 갑자기 저고리를 벗고 가려운 데를 긁는 것이었다. 그 풍만하고 보드라운 젖가슴과 윤기 흐르는 옥 같은 살결을 본 순간 도저히 참을 수가 없어 잠자리를 같이했는데 그 예쁜 자태와 애교스런 낯빛이 정신을 못 차리게 했다. 그때부터 오성군은 방탕하게 놀기 시작하여 돌이킬 수 없는 지경에 이르렀다고 하였다. 그리고 끝으로 그는 유종원(773~819)의 「하간전」에 나오는 음탕한 여자라도 그 근본이 부정한 것은 아님을 깨달았다고 말했다. 당송팔대가의 한 사람이었던 유종원도 음란한 이야기를 쓸 정도로 보편적 인간의 삶 속에 드리워진 성적 욕망이 얼마나 강렬한지를 새삼 느끼게 한다.

조선의 서거정(1420~1488)을 비롯하여 김종직(1431~1492), 조광조(1482~1519), 김인후(1510~1560) 등 기생을 배척한 선비들도 있으나 웬만한 사내들이라면 항상 기생의 치마폭에 빠져들 위험성이 있다. 오죽하면 꼿꼿하기로 소문난 남명 조식(1501~1572)이 제자들에게 "천하에 가장 뚫기 힘든 철관문이 화류관이라."(『해동잡록』) 하겠는가. 연산군 때의 시인 어무적이 상소를 올려 기생제도를 폐지해야 된다고 주장했던 것도 이런 이유에서였다. 어무적은 연산군에게 "대체로 창기는 아양을 떨면서 여우처럼 사람을 홀리기 때문에 비록 행실이 높고 지조가 있다고 자처하는 선비일지라도 그 음란한 곳에 빠지지 않는 사람이 적습니다."(『연산군일기』)라고 했다. 기생의 유혹에서 벗어나기는 쉽지 않은 일이다. 도덕군자로 불리는 점잖은 사대부들조차 기생의 요염함 앞에서는 욕정을 참지 못하는 게 다반사이다. 기생을 마주하다 보면 정이 들게 되고 자기만 독차지하고 싶어 다툼을 벌이는 일이 자주 발생하게 되었다.

일찍이 고려시대 공민왕의 총애 속에 두루 요직을 지낸 김흥
경(?~1374)이 기생 소근장을 사랑하고 남이 훔칠까 두려워 날마다
같은 패거리인 최인길을 시켜 엿보게 했다. 마침 이성림이 그 집
에서 자는 것을 목격하고 보고하니 이튿날 김흥경이 "재상이 창기
의 집에서 자는 것이 옳겠소?"라고 희롱하자 이성림이 낯빛이 바
뀌면서 "그런 일 없다."고 말하였다. 이로 말미암아 서로 원수처럼
증오하였다(《고려사》).

『어수신화』에 따르면 어느 선비가 관찰사를 돕는 자리인 도
사가 되어 부임하자 그 고을 수령이 수청기생을 보냈다. 도사는
일찍이 기생을 본 적이 없어 어찌 할 줄을 몰랐다. 그러다가 기생
이 지쳐 잠든 모습을 보고 불같은 마음이 일어 기생을 끌어안았
다. 기생은 도사가 아직 경험이 없는 촌놈임을 알아채고 고도의
기술을 통해 성적으로 만족을 시킨다면 지금까지 못했던 별별 구
경을 다 할 수 있겠다고 생각했다. 기생은 도사의 허리를 꼭 끌어
당겨 온갖 음란한 행위를 다 하였다. 도사는 정신이 빠지고 넋이
나가 중간에 그만 사정을 하고 말았다. 도사는 기생의 잠자리를
담당한 수노를 불러 배 위를 편안케 하는 기생을 들여보내지 않은
죄를 물어 곤장을 치라 하였다. 이에 행수기생이 나타나 웃으면서
"기생이 허리 아래에서 요동친 것을 요분질이라 하지요. 이것은
남자의 쾌락을 더하기 위한 것으로 잘못이 아니랍니다."라고 말했
다. 다음 날 아침 도사는 "내가 30여 년 잠자리를 가졌지만 이처럼

절묘한 재미는 맛보지 못했다. 이른바 집사람이란 마땅히 해야 할 요분질을 알지 못하니 심히 어리석음을 탄식하노라."라고 했다. 요분질이란 성교할 때 여자가 남자에게 쾌감을 높이려고 몸을 놀리는 짓으로서 열고 닫고 빠르게 느리게 잡았다 놓았다 하는 방법이라고 한다. 선비는 자기 아내에게서 전혀 느껴보지 못한 경험을 통해 성에 대해 새로운 눈을 뜨게 되었다. 순진한 선비가 성행위에 능숙한 기생을 만나 난생처음으로 고밀도의 쾌감을 느꼈을 것이다.

『북상기』에 나오는 바와 같이 18세의 홍천기생 순옥이가 회갑이 된 낙안선생에게 하는 말을 통해 기방에서 가르쳤을 다양한 성교의 방식을 어느 정도 이해할 수 있다. "저는 일찍이 기방의 노사부에게서 온갖 기예를 다 배웠어요. 마파, 품소, 그네타기, 원앙 다리 희롱하기, 협비선, 후정화를 가지가지 다 알아 차례차례 시험하려 했는데 하나도 못 썼군요."라고 했기 때문이다. 천하절색 순옥의 어머니인 기생 봉래선은 원주 교방에서 20여 년을 살아온 베테랑이다. 그녀가 딸에게 하는 말은 더욱 기방에서의 성교육에 대한 신뢰를 갖게 한다. "무릇 부인의 그 일은 첫 경험이 어렵지. 사람 맞이하는 법을 지금 네게 전수하마. 먼저 하희의 고전법을 시험해보자." 하희는 춘추시대 정나라의 여성으로 빼어난 미모에 남자의 정기를 채취하는 방법을 터득하며 숱한 염문을 뿌렸던 요부이다. 고전법은 효과적인 성행위를 위해 여성이 다리를 이용하는 방중술의 하나로 현재까지도 젊음을 되찾기 위한 다리근육

훈련으로 내려오고 있다. 기생들은 성교 시 필요한 다양한 체위와 기교를 배우고 익혀왔다.

성행위가 기방에서만 이루어지는 것은 물론 아니다. 영남 관찰사 강혼(1464~1519)이 임기를 마치고 떠나면서 성산기생 은대선과 하룻밤을 함께 지낸 잠자리의 묘사는 매우 농염하고 에로틱하다. "부상 역사 안에서 한바탕 즐기는데 / 나그네 이불 없고 촛불만 타다 남았네 / 열두 봉우리 무산이 새벽꿈에 어른거려 / 역루의 봄밤은 추운 줄을 모르겠네(扶桑館裡一場驩 宿客無衾燭燼殘 十二巫山迷曉夢 驛樓春夜不知寒)." 이 시를 보면 깊은 밤 이불도 없어 추웠을 텐데도 불구하고, 두 남녀는 운우지정의 쾌락을 느꼈던 듯하다. 『패관잡기』에 따르면 강혼이 일찍이 영남에 가서 매력이 넘치는 기생 은대선을 사랑했다가 돌아올 때 부상역까지 말을 태워가지고 왔다. 앞선 일행이 침구를 가지고 먼저 가버렸기 때문에 강혼은 기생과 이불도 없이 역사에서 하룻밤을 잤다고 한다. 강혼은 젊은 시절 한때 진주기생 소매와도 깊은 정염을 불태운 일이 있는 풍류남아이다. 기생 은대선은 재색을 겸비한 여인으로서 이별하는 밤 강혼의 혼을 빼놓았을 것이요 위 시는 사랑놀음의 절정을 보여주고 있다.

기방에서는 밤일을 노골적으로 평가하기도 했다(『어수신화』). 한 고을의 기생은 집에서 손님을 접대했는데 드나드는 손님은 모두 한두 번씩 사랑을 나눈 사람이었다. 집에 한 손님이 이미 와 있는데 이어서 네 사람이나 더 왔다. 기생은 들어오는 대로 마 부장,

우 별감, 여 초관, 최 서방이라 부르며 마중 인사를 했다. 맨 먼저 와 있던 손님이 이상해서 물어보니 밤일을 평가하여 붙인 것이라 했다. 몸과 양물이 모두 장대하니 성이 말 마요, 몸은 작으나 양물이 크니 성이 당나귀 여기며, 한번 삽입하면 곧바로 끝내니 성이 소 우이고, 잠깐 동안에 오르락내리락하니 성이 참새 최라는 것이다. 맨 먼저 온 사람이 자신에 대해 묻자 실속도 없이 날마다 헛되이 왔다 갔다 허송세월만 하니 허 생원이라 붙이는 게 좋겠다고 했다. 이렇게 평가하는 기생을 주위에서는 지혜가 있다고 일컬었다. 기생들은 성적 봉사의 의무에 따라 남성의 성욕을 채워주는 수동적인 대상이기도 했지만, 관능의 기술을 통해 성관계를 주도적으로 끌어갔음도 유추할 수 있다.

기생들이 자신과 관계한 남성의 성적 능력에 등급을 매기는 소화(우스갯소리)는 송세림(1479~?)의 『어면순』에 나오는 '한생이 붓을 잡은' 이야기서부터 앞에서 언급한 바 있는 권응인의 『송계만록』에 등장하는 '영산홍' 이야기, 그리고 다음에 나오는 바와 같은 성현이 지은 『용재총화』의 '자운아' 이야기 등 적지 않다. 평가의 기본은 성기의 크기나 성적 기술(기교)였다.

나주기생 자운아는 재치가 타고났는데 호남에 사신으로 간 손영숙이라는 선비가 그녀에게 정을 쏟았다. 전주부윤인 조치규가 나주에 들렀다가 자운아와 잠자리를 함께한 후 그동안 좋아했던 많은 남자들과 비교하여 자신이 어떤지 엄정하게 평가해보라고 말하자 자운아가 합격권에 들지 못하는 '차3등'이라 답하였다.

조치규가 놀라면서 손영숙은 어떠냐고 묻자 자기보다 낮은 '경지경'이라 했다. 손영숙보다 앞에 놓인 것을 다행으로 여기면서도 부끄러워하였다. 그러자 자운아는 "아까 한 말은 장난이었습니다. 당신은 가히 1등에 놓일 만합니다. 당신이 어찌 기생집의 높이고 낮추는 방법을 아시겠습니까?"라고 했다. 그리고 자운아는 법을 집행하는 사람들이 취하는 방식에 비유하여 기생들에게 손님을 다루는 방식이 있음을 말했다. 자운아는 "먼저 누르고 뒤에 올리며 먼저 깎아내리고 뒤에 상을 주는 것이 대장부를 거꾸러뜨리는 방법이다."라고 하였다. 이렇듯 사랑놀음에는 성행위의 기교와 더불어 인간관계의 소통, 즉 인격적 교감이 한데 어우러지는 경지까지 내포되었다.

한편 19세기 김홍도나 신윤복의 춘화를 보면 알 수 있듯이 성희에 음란성만 부각되지 않고 인정과 풍자가 살아 있다. 그들의 춘화는 기방이 주무대이거나 바깥에서 기생을 상대로 호색적인 남성들이 성애를 즐기는 모습이 주종을 이룬다. 그런데 남녀의 질펀한 성희가 달빛 아래의 자연과 조화*를 이룬다는 점에서는 매우 낭만적 서정성을 띤다. 성행위는 물론 현실적이고 관능적이지만 강변이나 산속 등 자연이 배경이 되면서 이상적이고 목가적이 된다. 담홍색 진달래가 흐드러지게 핀 산언덕이나 깊은 계곡의 시

---

* 나무와 바위, 참새 한 쌍 등 음양의 조화를 이루는 자연경관을 배경으로 한 춘화는 중국이나 일본에는 보이지 않는다.

원한 개울가에서 벌어지는 남녀의 소박한 성희가 눈길을 끈다.

또한 기생이 들어간 춘화를 보면 단순히 자극적인 애정행각이라기보다는 에로틱하면서도 사회풍자적인 요소가 깃들어 있다. 기생들의 사랑놀음이 오로지 도색적인 성희만을 추구한 것이 아니라 인간사의 일부로도 인식되었던 것이다. 다시 말해 기생들이 사랑을 향유하는 성적 유희가 삶의 일부로서 은근한 관능미와 야단스럽지 않은 성풍습을 담고 있음이 확인된다.

원래 우리나라 기생은 품격이 높아 '천민의 몸, 양반의 머리'라 일컬었다고 하듯이 기생에게는 신분적 자괴감에다 손님접대에서 오는 모멸감과 함께 국가연예의 공적 역할 수행자로서 갖는 자부심이라는 이중적 사고가 따랐던 것이다. 또한 관리들에게는 기생집에 들어가 하룻밤 유숙을 하면 법적으로 장(杖) 60대의 처벌을 가하면서도 관리가 지방 순시에 나가면 기생으로 하여금 수청 들게 함으로써 성에 대한 모순된 인식을 갖게 하였다.

성적 서비스의 대가로서 기생이 받는 화대에서도 인간적 신뢰를 매우 중시했다. 『대동기문』에 나오는 바와 같이 박신규(1631~1687)가 과거에 급제하기 전 전주를 지날 일이 있었는데 마침 전라감사가 잔치를 크게 베풀어 도내의 수령들과 관리들이 다 모인 자리에 지나가던 유생 신분으로 말석에 끼이게 되었다. 흥겨운 잔치가 끝날 무렵 모든 기생들이 수령들에게 한꺼번에 '체지'(화대를 주겠다고 약속하는 증서)를 올렸다. 그런데, 한 기생이 박신규 앞에 와서 꿇어앉았다. 박신규는 "나는 벼슬을 못한 가난한 선비요.

마침 길을 지나다 성대한 잔치에 끼었을 뿐이니 너에게 줄 게 있겠느냐?"고 겸연쩍게 말했다. 그러자 기생은 "제가 그것을 모르는 바 아닙니다. 선비님은 귀인으로서 앞길이 창창하실 것이니 미리 체지에다 넉넉히 적어주시면 됩니다." 박신규는 미소를 지으며 듬뿍 써주었다. 박신규가 전라감사가 되었을 때 그 기생이 체지를 보여주니 박신규는 웃으며 약속대로 화대를 주었다. 기생이 직접 돈을 만지는 것은 상스럽고 천하다는 인식과 함께 화대를 주는 방식의 일면을 볼 수 있고, 그 속에서도 인간이 주체가 됨을 확인하게 된다. 비록 처음 만나는 기생이요 지나가는 남자와의 약속이었지만 서로 신의를 소중하게 여기는 모습이 아름답다.

기방에 자주 출입하며 풍류를 즐기던 조선 후기의 재력가 심용(1711~1788)이 기생들 사이에서 인기가 좋아 그의 주위에는 항상 기생이 들끓었다고 하는데 이는 심용이 기생들을 인격적으로 대했기 때문이라는 것이다. 18세기 한양에 사는 김이라는 풍류객도 빈둥거리며 지내는 왈짜였는데 그를 기생들이 따랐던 것도 그가 기생들을 인간적으로 존중했기 때문이다.

일제강점기 기생들은 권번에 적을 두고 당국의 '허가증'을 받아 활동을 하며 세금을 내야 했다. 즉 권번이 운영을 위해 입회금을 받고 매월 회비를 받았으나, 세금을 바치는 자는 많지 않았다. 무엇보다 권번은 기생서방으로부터 해방시킨다는 명분을 갖고 기생을 직접 통제할 수 있는 권한을 획득하게 되었다. 다시 말해 기생을 선발하고 교육시키던 과거 기생청과 교방의 기능까지 담당하는 일종의 연예기획사의 위치에 있었다. 권번은 기생들의 놀음이라는 요정 출입을 지휘하면서 '놀음차' 또는 '해웃값'이라는 화대를 받아주고 이를 7 : 3의 비율로 나누어 갖는 등 중간역할을 맡았다. 기생들의 요정 출입을 통제하고 화대를 배분하는 과정에서 일부 기생들은 권번의 부당한 착취에 대항하여 동맹파업을 일으키기도 하였다. 1929년 요정 한양관에서 일어난 남선권번 기생의 동맹파업은 약 8년간의 화대 미불이 원인이었다.

현실은 이상과 괴리를 보이나 꿈과 원칙은 나름대로 현실을 끌어가기 마련이다. 기생보다 신분상 우위에 있는 양반층이라 하더라도 관기로서의 기생을 강간해선 안 되고 상중이나 국난 시 기생과 어울리거나 너무 빠질 경우 탄핵을 받아야 했다. 실제로 태조 때 한림을 지낸 금극화는 태종의 상중에 기생과 정을 통한 일로 폐족의 형법이 적용되었고 성종의 국상에 전라감사 이극돈이 기생을 데리고 다녔다가 사초에 올랐으며 광해군 때의 승문저작 임건이 사신으로 서도에 가서 국휼도 생각 않고 기생을 끼고 놀다 파직당했다.

기생들은 자유로운 정신과 이성적 판단을 통해 세속에 만연된 성적 타락과 인간의 부도덕성에 대한 불만을 드러내려 했다. 인간의 본능적 욕정을 낭만적 정서와 인격적 교감으로까지 승화시키려고 했던 우리 나름의 격조 있는 사랑놀음을 포르노 같은 수준으로 급격하게 떨어뜨린 것은 일제가 유곽을 들여놓고 기생을 창녀와 동일시했던 만행에서 비롯되었다.

기생의 놀음에서 빼놓을 수 없는 것이 기생서방이다. 관기제도가 실시되던 당초에는 기생이 서방 두는 것을 금했었는데 점점 기강이 해이해져 조선 중엽에는 기생도 서방을 갖게 되었다. 기부(妓夫)라는 기생서방을 '기둥서방'이라고도 했는데 언제나 기둥같이 튼튼하게 믿고 지낸다는 뜻이다. '기생오라비'라는 말도 기생서방에서 나왔다. 성격이 호방하고 돌아다니기 좋아하며 기방에 빠져 사는 사람을 '외입장이(오입쟁이)'라고 했는데, 대개 이들이 기생서방이 되었다. 각 전의 별감, 포도청 군관, 왕족이 사는 궁가의 청지기 및 무사를 4처소 외입장이라 하는데(『조선해어화사』), 흥선대원군(1820~1898) 집권 이후에는 기생서방이라 하면 반드시 이 4처소 외입장이를 말하였다. 이와 같이 대개 건장한 무관들만이 기생서방이 될 수 있었으며, 대전별감(7~9품)으로서 기생서방이 되는 자가 가장 많았다. 흥선대원군도 기방에 출입하며 외입장이 노릇을 하다가 뜻을 얻어 대권을 잡았던 것이다.

연암 박지원(1737~1805)은 「발승암기」라는 글에서 발승암 김홍연을 기생서방이라 보고 그에 대해 기록하기를, 김홍연은 무과에 급제한 인물로서 손으로 범을 잡고 기생 둘을 끼고 몇 장의 담을 넘을 만큼 힘이 세었다고 했다. 그리고 김홍연은 준걸이었지만 개성 출신의 서북인으로 출세할 수 없다는 사실을 알고 전국을 떠돌며 화류계에 몰입했다고 하였다. 또한 기생서방 김홍연을 생업을 돌보지 않고 낭비벽이 심한 조선의 대표적인 중간계급으로 묘사했다.

기생서방은 실제 혼인관계에 있는 남편이 아니라 일정을 관리하고 업무를 처리해주는 기생의 후원자일 뿐이다. 기생서방 가운데는 소유권을 주장하다 죽임을 당하는 경우도 있었다. 기생서방들은 지방에서 한양으로 올라오는 기생*들의 편의를 제공해주면서 그녀들이 벌어들이는 수입의 일부를 챙기기도 했다. 즉 기생의 뒷바라지를 하고 고객을 알선하는 매니저로서 기생의 몸값도 좌우하였다. 그리고 고객이 있으면 손님에게 양보하고 없으면 잠자리를 같이하기도 하였다. 대개 서방이 있는 기생들은 매음을 하지 않았다. 기생서방은 기생을 길들이는 방식, 손님끼리 인사하는 방식 등 기방의 법도를 챙기는 기방의 운영자 역할을 했다. 처음 나온 기생은 기방에서 몸으로 자기를 소개하는 수모(일종의 신고식)도 겪어야 했다. 화류계에 입문하기 위해 상스럽게 발가벗겨지는 잔인한 하룻밤이 되곤 하였다. 기생서방들은 초보자를 빨리 단련시키기 위해 수치스러운 술자리를 통과의례로 반드시 거치게 했다. 기생이 손님에게 실수를 하면 그 벌도 기생서방이 대신 받았다. 또한 단골손님에게 예의를 잃는 일이 있으면 치마와 버선을 벗겨서 맨발로 종로 거리를 다니게 했다. 기생이 말을 듣지 않거나 잘못하면 혼내주었던 것이다. 그렇지 않으면 기생집의 세간을 모두 때려 부수고 기생의 사과를 기다려서 새 집을 사주었다(《조선

---

* 시골기생에겐 서방은 없고 어미만 있다. 즉 시골의 기생어미는 서울의 기생서방과 같은 것이다.

해어화사』).

　　손님이 기생놀음의 현장을 드나들기 위해서는 기생서방이라는 관문을 통과해야 했다. 신윤복(1758~ ?)의 〈야금모행〉이라는 그림을 보면 그믐달이 뜬 겨울밤 기생서방으로 보이는 붉은 옷을 입은 별감이 능숙하게 기생과 양반의 은밀한 만남을 중개하고 있다. 통행금지 시간에 불심검문을 당한 양반은 상당한 품계를 지닌 듯한데 체면에 어울리지 않게 별감에게 갓테를 숙여가며 사과하자 별감의 기세가 등등하기만 하다. 기생서방들은 기방의 인사법 등을 정해놓고 이를 어기는 자가 있으면 머리통을 깨거나 팔다리를 부러뜨리는 것쯤은 예사로 여겼다.『청강쇄어』에서 볼 수 있듯이 기방에 함부로 드나들다 기생서방에게 붙잡혀 눈이 멀고 귀가 잘린 벼슬아치들도 있었다. 양반이 기생을 겁탈 또는 간통하다가 기생서방에게 들켜 망신을 당하기도 했다. 만약 기생을 첩으로 삼으려는 자가 있으면 반드시 기생서방에게 적지 않은 몸값을 주고 기방에서 빼내야 했다.

　　좌의정 서지수(1714~1768)의 손자로서 포도대장을 역임한 순조 때의 무인 서춘보(1766~1825)는 조선의 양반 외입장이이자 기생서방이 된 대표적 인물이었다(『조선해어화사』). 15세의 어린 서춘보를 시험하고자 했던 무뢰한들은 오히려 서춘보에게 조롱당하면서 그의 기백에 탄복해야 했다. 한편 4처소 외입장이들이 독점한 기방의 횡포 속에서 판서 이기익(1654~1739)의 손자인 이일제는 나이 15세밖에 안 되지만 호탕한 성격에 공부는 멀리하고 당당하게 기방에 드나들면서 화류계의 협객 노릇을 했다(『계서유담』). 이 밖에 강이천(1768~1801)이 지은 「한경사」를 비롯하여 많은 문헌에서 기생서방과 함께 기방 특유의 법도를 말하고 있다. 기방을 출입하고 기생놀음을 하는 격식은 일제 침략 후 1909년 관기제도의 폐지와 더불어 사라지기 시작했다.

기생은 대부분 공인으로서 오랫동안 관아에 묶여 지내야 했다. 그녀들이 독립적으로 기방을 차리고 손님을 받아 영업하는 것은 조선 후기에 생긴 일이다. 기방의 출현은 국가적 수요의 감소와 함께 기생들의 위상이 약화되고 있음을 뜻했다. 『오주연문장전산고』에서는 "지금 사람들은 기생집에 출입하며 놀기를 좋아하니 어찌 슬프지 않은가."라고 하였다. 기방에 출입하는 자는 별감과 포교 등의 기생서방은 물론 각 관청의 서리 또는 역관이나 의관 등의 중인, 시전 상인 등 양반도 상민도 아닌 중간층이 고객의 주류였다.

정약용(1762~1836)은 관리가 기생과 즐기는 탈법적 관행이 오래되었으므로 갑자기 이를 금하는 것은 위험하다고 말했다. 다만 부임하는 수령에게 "아전과 군교로서 기생을 끼고 놀아나는 자는 즉시 법에 따라 엄히 다스려야 한다. 또 기방에서 소란을 피워 싸우고 송사를 일으키는 자는 가중처벌해야 한다."(『목민심서』)고 경고했다. 관리가 공적인 관기를 사적으로 데리고 놀 수 없는 법규를 어기고 지방의 하급관리들마저 기생과 놀러 다니고 기방에서 싸우고 소란을 피웠음을 알 수 있다. 충청도 공주의 아전과 장교들이 법을 어기고 기생들을 끼고 놀다가 단속에 걸려 혼비백산하는 일도 기록(『염요』)으로 남아 있다. 사실 '기생은 요물이니 가까이해서는 안 된다'고 하던 정약용마저 휴직하는 동안 기생과 지낸 일이 있다고 한다.

기방에서 손님들이 어울려 놀다가 말을 실수하거나 행패를 부리게 되면 여러 사람들이 달려들어 그 사람을 자리에 눕히고 둘둘 말아서 거꾸로 세워놓는 벌을 주기도 했다. 기방의 까다로운 법도를 몰라 손님들끼리 싸우는 일이 많았음은 신윤복이 그린 〈유곽쟁웅〉 즉 '기방 앞에서 벌어진 사내들끼리의 난투극'을 통해서도 확인된다. 홍명희(1888~1968)의 소설 『임꺽정』에도 기방에서 다른 패에게 맞고 온 임꺽정의 부하 한온이가 임꺽정과 함께 상대를 혼내주는 장면이 생생하게 그려졌다. 무인과 달리 사대부는 기방에 드나들지 않는 것이 원칙이므로 그 방면에 어두운 것은 자연스런 일이다. 그러나 지체 높은 양반들은 기방에 출입하며 기생들과 야외에서 유흥을 즐기고 심지어 자기 집에서 데리고 살기까지 했다.

유만공의 『세시풍요』(1843)를 보면 "광화문 남쪽 가장 넓은 곳에 젊은이가 많으니 기생집이 육조 앞에 있는 것을 알겠도다."라는 내용이 나온다. 수도 한복판 고급 관청 앞에 기방이 즐비했음을 말해주며, 아울러 지금의 서울시 중구 다동 일대에 기생집이 많았음을 알 수 있다. 조영우의 〈동국풍속도〉 중에서 의녀가 들어간 그림에다 서화가인 허필(1709~1761)은 다음과 같이 시를 지었다. "천도 모양 높은 가리마에 목어 귀밑털 / 자줏빛 회장의 초록 저고리 차림 / 새로 장만한 벽장동 집을 향해 가나 보군 / 그 누가 오늘 밤 놀이를 하고 돌아갈까(天桃高髻木魚鬢 紫的回裝草綠衣 應向 壁藏新買宅 誰家今夜夜遊歸)." 회장저고리 맵시 있게 차려 입고 멋진 가리마를 쓴 의녀 그림을 보면서 허필은 상상했을 것이다. 벽장동 기방에 기생 하나가 새로 왔고, 밤이 되어 남자 하나가 그녀를 찾아가리라는 생각은 즐겁다. 벽장동은 경복궁 옆에 있는 동네로서 조선 후기에 기생집이 많았다.

7
기생은 대중문화예술을 이끌었다

한 관찰사가 기생을 모두 불러놓고 그중에 예쁜 기생을 골라 가까이 오게 하고는 입을 맞추고 껴안는 등 못하는 짓거리가 없었으며 매일 밤 그녀들을 차례로 불러들여 관계를 가졌다. 피하고자 하는 기생이 있으면 "너희들은 상점에서 쓰는 요강과 같은지라. 뭐 꺼릴 게 있겠느냐?"(『교수잡사』)며 어느 누구라도 함부로 대했다. 기생은 때로는 여우나 요물로 불렸으며 공물 혹은 관물로 불리는 등 인간이 아닌 물건으로 취급되기도 했다.

그러나 사대부들은 이렇게 기생을 최하층 신분이라고 치부하는 듯하면서도 이율배반적으로 재능이 뛰어난 예술인으로 선망해왔다. 더 솔직히 말하면 남자들은 겉으로는 기생을 멸시하는 것 같으면서도 속으로는 그녀들을 품고 싶어 안달했다. 일반 여성들조차 말로는 천박하다고 욕하면서도 실제로는 기생들의 옷차림과 화려한 생활을 동경하고 질투도 하였다.

일제강점기 여덟 장의 엽서가 한 세트인 기생이 들어간 사진 엽서의 봉투 표지에 '예도에 힘쓰는 기생의 생활과 기생학교'라는 제목이 쓰여 있다. 이것은 기생의 존재 의의가 예능에 있으며 기생 교육의 본질적 목표가 '예도(藝道)' 구현에 있음을 시사한다는 점에서 주목할 만하다.

앞에서도 말했듯이 『매일신보』*에서 연재했던 주요 예술가 100명 가운데 기생이 90명이었다는 사실은 예술계에서 차지하는 기생들의 위상을 나타낸다는 점에서 놀라울 만한 것으로 기생문화의 대중화가 시작되었음을 말해준다. 거기에 뽑힌 기생들은 대체로 각 기생조합에 속하거나 새롭게 등장한 극장에 전속으로 있는 기생들이었다. 전통문화예술을 계승 발전시켜온 기생들이 대중문화예술 창달에도 주도적인 입장에 있었던 것이다.

근대화와 더불어 기생들은 다양한 사회 변화에 대한 통찰과 함께 스스로 '우리도 인간'이라는 주체적 각성을 강력히 촉구하였다. 1927년 기생들이 만든 『장한』의 창간호 권두언에서 "기생도 사람이거니 …… 웃음과 기쁨으로 살기를 원하거든 먼저 우리의 수양에 힘쓰자."라고 했듯이 기생에 대한 새로운 관심과 인식을 이끌었다. 『장한』의 기생들이 쓴 글이 주로 생활의 어려움과 숙명적 슬픔**을 드러낸 것이지만 선배기생의 고상함을 본받자, 미래

---

* 『매일신보』, 『조선미인보감』, 『장한』 등은 근대 기생의 예술적 상황을 이해하는 중요한 자료가 된다.

** 이화중선, 박녹주 등 유명한 기생들이 마약의 유혹에 빠졌던 것도 한 맺힌 과거나 현실적 불

지향적 생각을 갖자, 스스로에 대해 성찰하자는 주장과 함께 그녀들의 결의와 비전에 이르기까지 눈길을 끄는 내용들이 많다. 일제시기 기생들의 사진에서 볼 수 있듯이 독서도 기생들의 주요한 일과였다

기생들이 남긴 수준 높은 대중문화 예술장르는 한국 문화사에 확연히 자리매김하고 있다. 이미 기생들은 교양과 지식을 갖춘 가운데 음악, 춤, 서화, 시가 등의 다양한 재능을 통해 우리의 전통문화예술을 창조적으로 계승해왔다. 그리고 근대 이후에는 새로운 시대적 요구와 변화된 공연환경에 따라 연극, 영화, 가요, 모델, 패션 등 대중문화예술을 이끌어가는 주역이 되었다.

1900년대 초부터 서울을 비롯하여 대도시에 생겨난 극장은 대중들의 관심을 끌기 시작했다. 극장은 공연예술을 창조하고 보급하는 서구적인 공간이다. 극장이 생겨나면서 종래의 기록 또는 문학 중심의 문화가 연극, 영화, 가요 등 공연문화의 시대로 바뀌어 갔다. 더욱이 주로 마당에서 공연되던 탈춤, 남사당놀이, 인형극 같은 장르는 쇠퇴하고 극장에서 공연하기에 적합한 판소리, 재담극, 창극 같은 장르가 번창했다.

다시 말해 기생들은 궁중의 정원이나 민간의 놀이마당으로 공연을 나가던 방식에서 무대시설이 갖추어진 극장으로 활동 공간을 넓혀갔다. 그리하여 기생조합이 1년에 한두 번 공연하는 정

안과 관계가 있을 것이다.

기연주회나 후원연주회보다 극장이 주관하는 공연이 더 많아졌다. 1902년 한국 최초의 국립극장이라 할 수 있는 협률사(후일 원각사로 개명)가 개장되고 그곳에서 〈소춘대유희〉가 공연되었다. 물론 〈소춘대유희〉는 기생들의 춤, 판소리 명창들의 소리, 재인들의 무동놀이 등 가무악으로 구성된 전통연희이다. 무엇보다 20세기에 접어들어 판소리가 근대식 극장에서 공연된 것이다. 과거 궁내부 소속의 예인집단과는 다른 성격의 민간예능인 단체에 의한 공연 문화의 변화요, 일반인을 대상으로 한 유료공연의 시작이었다.

원각사가 국립극장의 성격으로 출발한 데 비해 1907년 설립된 광무대는 민간극장의 성격을 띠었다. 소리, 재담, 잡가, 줄타기 등 종합적인 형태의 공연이 대중들로부터 큰 인기를 끌었다. 1907년 설립된 단성사에서는 기생들을 중심으로 창이나 무용이 주축이 되어 공연이 이루어졌다. 당시 동양극장, 제일극장, 단성사, 우미관 등 10개의 극장이 있었는데 거의 일본인 소유였고 시설도 열악하였다. 1935년 부민관이 준공되자 사람들이 모두 이곳으로 몰려들었다. 부민관에서는 연극과 창극이 합쳐진 대형 음악극 같은 공연이 펼쳐졌고, 특히 아악이 대중들에게 본격적으로 공개 연주되었다. 궁중의 의식에 쓰이던 아악은 그전까지 일반인들이 듣기 어려웠던 음악이다.

한편 광무대의 오옥엽과 이산옥, 단성사의 채희와 이화, 장안사의 채란과 해선과 초향 같은 극장의 전속기생도 생겨났다. 1907~8년부터 광무대, 단성사, 연흥사, 장안사 등의 극장이 개설

되면서 전속기생들에 의해 신구연극, 판소리, 창극, 가무, 활동사진(영화의 옛 명칭) 등이 무대에 활발히 오르게 되었다. 공연방식의 변화에 따라 당시의 대표적인 극장 중 원각사, 단성사, 연흥사 등에서는 주로 판소리와 창극을 공연했고, 광무대와 장안사에서는 궁중무와 민속무를 공연했다. 그리고 단성사는 활동사진 전용극장, 광무대는 전통연희 전용극장이 되었다.

민족적 정통성이 훼손당하는 일제의 참혹한 시기 대중문화예술을 창조 발전시켜야 하는 권번 기생들은 역사적으로 공적 연예를 책임지던 기생 본연의 태도를 잃지 않았다. 기생들은 순수하고 자유로운 몸과 마음으로 전통문화예술의 확고한 전승자가 되는 동시에 새로운 사상과 정신을 호흡하며 시대의 변화를 수용하는 대중문화예술인이 되었다. 연극, 영화를 비롯하여 광고, 패션, 가요, 무용, 서화, 시가 등에 이르기까지 예술분야 전반에 걸쳐 이룩한 그녀들의 업적은 적지 않다. 함부로 몸을 팔거나 명예를 더럽히면 제명당할 만큼 권번의 기강은 엄격했다. 기생 출신의 판소리 명창 박녹주(1906~1979)가 여성으로는 최초의 무형문화재가 되는 것도 우연일 수 없다.

기생들은 근원적인 존재 이유와 달리 호의적이지 않은 사회적 평판 속에서 자신들의 정체성을 찾아나가는 여정을 계속해야 했다. 근대적 기생제도가 형성되고 서양식 극장이 설립된 이후에도 기생들의 예능활동은 눈에 띄었다. 일제의 문화침략의 소용돌이 속에서 기생들은 자신들의 본분이라 할 수 있는 전통기예 활동을 유지하는 가운데 신여성으로서의 새로운 면모를 통해 오늘날의 '연예인'과 같은 역할을 전개해나갔다. 기생들은 『장한』 창간호에서도 "조선극단에서 손가락으로 꼽는 배우 ○○○, ○○○, ○○○ 등은 모두 전신이 기생 출신이니, ……지금의 기생 중에서 얼마나 훌륭한 배우가 나올는지도 모르지만 배우의 소질이 풍부한 사람은 얼른얼른 나와서 조선 제일의 여배우가 되기를 바란다."라고 하여 스스로 자신들을 배우와 동일시했음을 알 수 있다.

첫 연극영화계의 배우로 유명했던 이월화, 복혜숙, 석금성 등도 기생 출신이다. 조선 연극계에서 여배우의 등장은 이월화(1904~1933)가 처음이었다. 이화학당에 다니던 그녀는 극단 신극좌 여배우로 등단했다. 1922년 민중극단에 가입하여 여배우로서 각광을 받다가 연극계를 떠나 영화배우가 되었다. 〈월하의 맹세〉(윤백남 감독, 1923) 등의 주연배우로 일약 스타가 되면서 최초의 영화여배우로 평가받고 있다. 신극운동의 중심에 있던 극단 토월회에서 10년간 여배우로 활동하던 복혜숙(1904~1982)은 20여 편의 영화에 출연했고 만년에는 텔레비전 드라마에도 출연하였다. 석금성(1907~1995)은 무성영화와 흑백 및 컬러 영화 시대, 그리고 텔레비전 시대를 섭렵한 한국 영화계의 산증인이다. 또한 서울 출신의 기생 신일선(1907~1990)은 19세에 영화 〈아리랑〉(나운규 감독, 1926)에 발탁되면서 영화배우로 이름을 날리게 되었는데, 그녀가 26세에 다시 기생이 된 것은 생활고 때문이었다.

한편 기생들은 신문이나 잡지 등의 광고, 홍보 포스터, 사진

엽서의 모델이 되었음은 물론 전람회나 박람회 등의 흥을 돋우는 도우미 역할까지 했다. 신창조합의 기생 채경은 한국 최초의 서양화가로 알려진 고희동(1886~1965)이 1915년 조선물산공진회전에 출품할 미인도의 모델이 될 만큼 화제가 되기도 했다. 근대미술에서 맨 먼저 모델을 써서 그림을 그린 화가 고희동이 그린 〈거문고를 타는 여인〉이라는 유화는 그가 도쿄미술학교를 졸업하면서 18세의 기생 채경이 기방에서 거문고를 타는 모습을 그린 것이다. 모델이라는 직업에 대한 인식이 낮았던 시절 11세 나이에 이미 양금, 검무, 승무 등으로 이름이 알려진 채경은 과감히 고희동을 찾아갔던 것이다.

또한 일제강점기 기생들은 패션계의 리더 역할을 했다. 조선후기 신세대 기생들이 모든 부녀자들의 패션을 주도했던(『사소절』) 것처럼 기생들은 치마꼬리를 바짝 잡아당겨 몸의 윤곽선을 드러내는 새로운 착장법(스타일링)을 시도했으며 다양한 색상과 화려한 디자인으로 변화를 모색했다. 20세기 서양복의 영향으로 저고리의 길이가 길어지고 치마가 짧아진 것과 더불어 이처럼 착장법, 색상, 디자인 등에서 보여준 기생들의 차림새는 아주 새로운 느낌을 주었다. 게다가 기생들이 들고 있는 고운 양산, 작은 핸드백, 목을 감싼 스카프, 어깨를 두른 숄과 함께 뾰족구두를 신고 당당한 포즈를 취하고 있는 모습을 통해 기생들의 주체적인 표현을 확인하게 된다. 기생 가운데는 서양식 코트에 가죽장갑을 끼고 손가방을 들기도 했는데, 1930년대 초반에는 여우목도리가 유행하였다.

1930년대 신여성들 사이에 유행하던 헤어스타일도 주로 기생들에 의해 확산되어갔다. 신여성들이 모두 단발을 하자 사회에서는 기생들과 같다고 비난하기도 했다. 길 가는 사람들은 '단발미인'이라며 다투어 손가락질을 하였다. 일찍이 조선에서 중이 아니면 머리를 깎은 여성이 없었던 상황에서 처음으로 단발머리를 한 대구기생 강향란(1900~?)의 모습은 예사로울 수 없었다. 기생이 단발하는 것은 화류계에서 떠나 달리 살아갈 뜻을 표시하는 상징성이 있었다.

근대 기생들의 사진을 보면 가야금, 거문고, 양금, 해금 등을 연주하며 북, 장구, 박 등을 치는 장면이 많다. 무엇보다 타악기로는 장구를 치는 기생의 모습이 눈에 띈다. 기생학교에서 샤미센을 연주하는 모습도 사진을 통해 많이 볼 수 있다. 평양기생학교의 국악단과 양악단이 함께 찍은 사진에서는 바이올린, 아코디언, 피아노를 연주하는 기생들이 보인다. 전국의 기생 중에서 진주 태생으로 서울에 올라온 금홍같이 가야금에 익숙한 자는 없을 것이라고도 했다(『매일신보』, 1914). 사진엽서 속에는 "조선의 음악은 무척 뛰어나다. 기생이 타는 가야금의 음률은 단지 황홀할 뿐이다."라고 쓰여 있기도 하다. 다동기생조합의 김명옥은 피아노를 배우기 위해 일본으로 유학을 떠났다(『매일신보』 1916).

근대시기 가요계의 활동이 가장 왕성했다. 조선권번의 이난향(1900~1979)은 평양 태생으로 15세에 서울로 올라와 근세 가곡의 거장인 하규일(1867~1937)로부터 정악 일체를 배웠으며, 그의 제자들 가운데 가장 뛰어나다는 평을 받았다. 이난향은 노래를 두루 잘 불렀는데 그중에서도 가사는 장식음이 자연스럽다는 정평이 나 있었다. 한 신문사 기자와 결혼해 집안 살림에 전념했었으나 음악에 대한 열정은 가시지 않아 틈이 날 때면 하규일에게 노래를 배우며 가곡 수련에 정성을 기울였다. 그리하여 가곡으로는 첫 레코드판을 낸 주인공이 되기도 했다. 1930년대 조선권번의 현매홍은 정가인 가곡, 가사, 시조에 뛰어난 기량을 보였다.

작가 김유정(1908~1937)이 짝사랑했던 선산 출신의 기생 박녹주는 판소리 명창으로 주목받았다. 김유정은 단성사에서 공연한 박녹주의 판소리를 듣고 크게 감동하여 사랑의 감정을 담은 편지를 보냈는데 박녹주는 "나는 기생이오. 당신은 공부하는 학생이고……."라고 답장했다. 김유정의 애원에도 불구하고 박녹주는 끝내 사랑을 받아들이지 않은 것으로 유명하다. 대구 출신의 기생 김초향(1900~1983)은 남도소리를 잘하기로 명성이 자자했다.

20세기 성천기생 손진홍은 〈수심가〉를 매우 잘 불렀으며 의주기생 주매화는 〈수심가〉와 여러 잡가에서 명창소리를 들었다. 대정권번 소속이었던 강명화는 평양기생 중 〈수심가〉와 〈배따라기〉를 가장 잘 불렀다. 작가 김동인(1900~1951)과의 사랑으로 유명했던 서도기생 김옥엽은 〈수심가〉로 장안의 풍류객들을 감동시켰고 서도잡가인 〈난봉가〉나 〈선유가〉 등을 잘 불러 빅타, 콜럼비아, 태평레코드 등에서 음반을 취입했다. '민요의 여왕'으로 칭송받던 기생 이화자는 〈어머님 전상서〉로 히트하며 십수 년간 대중의 사랑을 받았다. 동래 출신의 기생 이화중선(1899~1943)은 판소리사에서 전설적인 자리를 차지할 만큼 명창이었으며 일제강점기 음반 취입이 가장 많은 것으로 알려졌다.

일제시기 기생 출신의 왕수복, 선우일선, 김복희 등은 유행가로 대중스타가 되었다. 작가 이효석(1907~1942)의 연인이었던 왕수복(1917~2003)은 평양의 기성권번을 거친 기생 출신의 최초의 대중가수라 할 수 있다. 〈고도의 정한〉은 가요 중에서 가장 많이 유행했고 레코드 판매고도 당시 최고를 기록할 만큼 그녀는 1930년대 독보적 스타였다. 무엇보다 왕수복이 중심이 됐던 '신민요'라는 장르의 탄생으로 1930년대는 새로운 대중음악의 전환기를 맞게 되었다. 왕수복은 해방 후에는 고향인 평양에 남아 민요가수로 활동하다 사후 애국열사릉에 묻히게 되었다. 2016년 기생을 다룬 영화 〈해어화〉(감독 박흥식)의 모티브가 된 것이 바로 왕수복이다. 20세기 말까지 살았던 평양 출신의 기생 선우일선(1918~1990)은 기성권번에서 교육을 받은 뒤 1934년 포리돌레코드에 발탁되어 〈꽃을 잡고〉로 데뷔해 단번에 대중의 인기를 모은 신민요 가수다. 평양에서 기생의 길로 들어서면서부터 가희로 인기를 끌었던 김복희는 1934년 빅타 레코드사를 통해 〈애상곡〉으로 데뷔한 뒤 수많은 인기곡을 출반해 1930년대 간판 가수가 됐다.

한성권번 소속의 이옥란은 국악과 양악 양쪽을 오가며 활동했는데 콜럼비아 레코드사에서 조선 후기 12잡가 중 하나인 〈유산가〉로 음반을 취입했다. 콜럼비아 레코드에 취입한 가요곡인

〈기생수첩〉, 〈눈물의 시집〉, 〈꽃 같은 순정〉 등은 대중들로부터 많은 인기를 모았다. 김산월(1898~?)은 〈배따라기〉 같은 민요와 〈장한몽〉 같은 가요를 많이 불렀으며, 도월색과 함께 "이 풍진 세상을 만났으니 나의 할 일이 무엇인가"라는 〈희망가〉를 불렀다. 김영월은 평양 기성권번 출신으로 소리에 능통했으며, 연기 쪽에서도 소질이 있어 많은 활동을 하면서 1927년 개봉한 영화 〈낙양의 길〉(천한수 감독)의 주인공이 되기도 했다.

1927년에 개국한 경성방송국은 기생들의 노래와 연주가 확산되는 계기를 마련했다. 다시 말해 라디오방송은 극장공연과 음반을 통한 대중음악의 보급에 기여했고, 기생들은 당당히 대중문화를 선도해나가는 예능적 주체가 되었다. 이렇듯, 권번에 소속된 기생들은 초창기 연극영화계를 주도하는 큰 공을 세웠을 뿐만 아니라 라디오의 음악방송에 출연하고 축음기의 음반을 취입하여 가수활동을 펼쳐나가는 대중음악의 선구자가 되었다. 한편 일제 강점기 후반으로 갈수록 일본의 민요를 부르는 기생들도 있었다.

무엇보다 1920년대 서양춤이 본격적으로 들어오기 전부터 거의 모든 춤을 기생들이 감당해야 했다. 근대화의 시기 제도의 변화와 관객의 요구에 따라 기생들의 춤의 내용과 공연방식도 달라지게 되었다. 전통적인 향악 또는 당악 정재와 민속춤에서 개량되고 창작된 춤들이 새로운 무대를 통해 공연되기 시작했다. 당시 단성사에 전속으로 출연하는 대구 출신의 기생 박이화가 무대에 올라 춤추고 노래할 적에는 박수갈채 소리가 우레와 같았다(『매일신보』 1914). 앞에서 말한 가사와 가곡의 명창으로 유명한 평양 출신의 기생 이난향은 궁중무인 정재에서도 절묘하다는 평가를 받았다. 평양명기라는 채금홍(1900~1930?)은 가무가 평양에서 으뜸이므로 지식계층의 좌석에만 불려갔는데, 서울에서 소설가 이광수(1892~1950)가 오거나 시인 심천풍이 놀러 오면 꼭 채금홍만 찾았다고 한다.

일제시기 서양식 극장의 무대에서 기생들이 공연한 기본적인 전통춤은 수많은 종목으로 이루어졌다. 기생들의 가장 중요한 궁중무의 레퍼토리는 검무, 무고, 박접무, 선유락, 연화대무, 오양선, 육화대, 춘앵무, 포구락, 항장무 등이었다. 일제강점기 중반을 넘어서면서 궁중무는 민간에서 공연되기 시작했다. 기생들은 남무, 부채춤, 살풀이춤, 승무 등의 민속춤도 소홀히 하지 않았다. 요즘도 많이 무대에 오르고 있는 살풀이춤의 경우『조선미인보감』(1918)에 처음 등장할 정도로 문헌이나 사진 기록이 매우 드물며, 살풀이춤과 관련된 입춤과 허튼춤을 기생들이 추었다는 기록은 더러 있다. 지금도 활발히 공연되고 있는 승무는 우리나라에 극장이 생기면서 더욱 발전하기 시작했다. 승무는 일제강점기 기생 사진엽서 가운데 가장 많이 들어간다고 할 만큼 기생들의 대표적인 춤이었다. 당시 승무 사진을 보면 흑장삼에 장삼의 소매 폭이 넓고 길이는 짧은 게 특이하다. 바로 위에서 언급된 기생 박이화의 승무에 대해서는 '세상에서 제일'이라는 평판이 자자했다. 일제강점기 대정권번 소속의 윤채선은 요즘 활동하고 있는 연예인의 모습을 연상시킬 정도로 세련된 미모로 많은 남성들의 가슴을 설레게 하였는데 그녀는 예기로서 특별히 조선무용에 탁월했다.

시대적 변화를 수용하고 관객의 기대에 부응하기 위해 기생들은 문명축하무, 사고무, 서민안락무, 시사무, 욱일승천무, 이화무, 전기광무, 전기춤, 지구무, 팔선녀무, 풍국롱화무 등 새로운 춤도 추었다. 대개는 전통무를 변형 개작한 춤이나 문명축하무, 전기춤, 지구무 등은 창작성을 크게 반영한 춤이다. 서양춤도 1917년에 다동기생조합의 기생들이 무대에서 처음으로 추었다(『매일신보』). 1930년대까지 볼 수 있었던 사고무도 1916년에 다동기생조합이 초연한 것으로 상당 기간 공연되었다. 하규일이 창작한 네 개의 북을 치는 이 사고무는 궁중무인 향악정재 무고를 변형한 것이다.

기생들은 1910년대 일본에서 들어온 레뷰댄스도 추고, 서양의 사교춤과 포크댄스도 추었다. 특히 짧은 치마를 입고 어깨를 드러내고 허리를 뒤로 젖히는 레뷰댄스는 놀라움을 자아냈다. 사진엽서를 보면 '가극에 새로운 분야를 개척한 모던 기생'이라는 설명이 붙은 것도 있고, 끈 달린 탑에 티어드 스커트를 입고 탬버린을 연주하는 기생의 모습도 있다. 또 중절모자를 쓰고 지팡이를 짚고 남장을 한 사진도 눈에 띈다. 이렇듯 경쾌하고 화려한 레뷰댄스는 1930년대에 대중화되었다. 기생들은 역사성을 지닌 전통적인 춤뿐만 아니라 변화하는 시대의 새로운 춤에 이르기까지 거의 모든 춤을 추었다.

서화와 관련해서는 근대 시기 기생들의 활동이 부진한 편이었다고 할 수 있다. 이능화는 우리나라 기생계에 시가에 능한 자, 해학을 잘하는 자, 얼굴이 뛰어난 자, 절의와 효행이 있는 자 등이 모두 있으나, 오직 서화를 잘하는 자가 전해지지 않음이 유감스럽다(『조선해어화사』)고 했다.

20세기 기생화가로 서울에서 이름이 있었던 사람은 금주와 주산월 둘이었다(『매일신보』 1914)고 한다. 평양기생 금주는 어려서부터 붓만 보면 그림을 그리고 글씨를 썼으며 점점 자라나면서 기생들 사이에서 명화 명필로 일컬어졌다. 주산월은 본래 평양 태생으로 서도에 능력이 뛰어나 평양기생학교에서 학생들을 가르치기도 했다. 또한 평양기생 백산월과 임기화도 서화를 매우 잘했으며, 부산기생 옥희는 난초를 잘 그리는 등 화기(畵妓)로 이름을 떨쳤고, 해주기생조합장 문월선도 서화에 능숙했다. 서울기생 성산월도 서화에 재능이 있었다.

대정권번의 오산홍은 서울 출신의 기생으로서 서화에 매우 능하였다. 그녀가 그린 난초가 조선 미술전람회에 입선되어 세간의 주목(『동아일보』 1924)을 받기 시작했다. 오산홍은 해마다 조선 미술전람회에 입선된 재원으로 화방을 차리고 선비들과 담소하며 멋지게 살았다. 당시 박식하기로 이름을 떨치던 윤희구(1867~1926)는 그녀를 찬양하는 시를 짓기도 했다.

경주 출신의 기생 김미옥은 당시 유명한 서석재 화백의 인정을 받을 만큼 서화 분야에서 인기가 높았다. '유행가의 여왕'으로 불리던 왕수복은 서화에도 뛰어나 국화를 잘 그렸다. 사군자를 그리고 있는 기생 강산월의 사진을 비롯하여 그림을 그리는 기생들의 모습이 여러 사진으로 전하기도 한다. 다만 기생들의 그림이 별로 남아 있지 않아 안타깝다.

시가와 관련해서 볼 때 1910년 이후 알려진 서울기생 남취선은 최 판서의 첩이었는데 그녀의 시는 중국의 시에 조금도 뒤지지 않으며 규방의 시로 보아서는 안 된다는 평가를 받았다. 1910년대 활동한 언양기생 이봉선은 당시 기생으로는 유일하게 한시집을 남겼다. 평양기생학교 출신의 장연화는 스스로를 가리켜 문학을 좋아하는 기생이라 말한 것으로 유명하며 러시아문학에 조예가 깊었다. 장연화는 1920년대 중앙문단에 내로라하는 문사들이 말 한번 걸어보는 것이 소원이었을 정도로 웬만한 문인을 능가했던 문학기생이었다.

기생들이 개화 이후 일제강점기를 거치는 시대 변화 속에서 사창화 또는 윤락녀의 길로 들어서거나 사회적 주변인으로 몰락해가기만 한 것은 아니다. 오히려 1920~1930년대 일제에 의한 문화적 침탈이 더욱 강화되는 상황에서도 많은 기생들이 새로운 문화적 주체로 등장했던 것은 매우 주목할 만한 흐름이었다.

특히 사회가 점점 산업화·도시화됨에 따라 기존의 지배층 중심의 문화에서 대중문화가 생성·확장되어가는 과정에서 부각되는 문화산업이나 서비스 업종에서도 단연 기생집단의 역할은 두드러졌다. 기생들의 문화예술에 대한 소명의식과 창조활동은 대중문화를 선도하기에 손색이 없었다. 뿐만 아니라 기생문화는 우리 사회를 대중적 공간과 미디어 중심으로 전환시키는 데 핵심이 되었다.

8
기생은 정신적 순결을 중시했다

　　기방의 풍속은 시대나 지역에 따라 차이가 있다. 말하자면 한 기생이 한 남자만을 상대하는 경우도 있으나 한 기생이 여러 남자들을 상대할 때가 많은 것도 사실이다. 이는 남자들의 취향과 요구에 맞춰 접대하는 기생들이라 할지라도 그녀들의 내밀한 감정을 드러내지 않을 수 있었음을 말한다. 많은 기생들은 정신적 순결을 보물처럼 여겼다.

　　실제로 조선 영조 때 순창기생 분영이 신돈복(1692~1776)과의 대화 속에서 "기생이 많은 남자를 접해도 대개는 마음에 없이 몸만 주는 것이지요. 기생도 정말 좋아하는 남자를 만나면 순정을 바친답니다."라고 한 바도 있다. 기생이 절개를 지킨다는 것은 불가능할지도 모른다. 하지만 일반적으로 남자들이 기생을 멸시와 천대 속에 몸만 탐내듯이 기생들도 남자에 대해 불신을 갖고 건성 대하기 일쑤였다. 순결한 정신을 지킨다는 것은 사회적으로나 개인적으로 소중하고 힘든 일이었다.

경주기생 하나가 한양에서 온 청년(일설 선비 최생)에게 사랑의 증표로 이빨을 뽑아달라 했는데 나중에 기생의 변심을 알게 된 청년이 종을 시켜 이빨을 찾으려 했던 사건은 유명하다. 찾아온 종에게 기생은 "어리석은 놈아! 도살장에서 알려주고 죽이더냐? 기생에게 수절을 기대하는 놈이 바보가 아니면 망령든 놈이지."라고 말했다. 그리고 기생은 이빨이 가득 들어 있는 베주머니를 내던지며 찾아보라 했다(『명엽지해』 등). 이 이야기는 『배비장전』의 내용과 함께 기생들의 거짓된 행동을 단적으로 말해준다. 사람들은 천하에 가장 어리석은 것이 선비들이라 하면서 지나가는 손님들을 위해 목숨을 버릴 기생이 있겠느냐고 했다. 기생들이 남자들과 이별하면서 얼마나 많이 물에 빠져 죽겠다고 했겠는가.

누군가는 기생들이 노래하고 웃음 짓는 것이 모두 돈을 위한 것이니 기생들의 꾀에 넘어가지 말라고 경고했다. 이춘풍이 평양기생에게 혹하여 공금을 모두 써버렸을(『이춘풍전』) 뿐만 아니라 전주에 사는 생강장수가 기생의 유혹에 넘어가 재산을 탕진하는 이야기(『어우야담』)도 유명하다. 부유한 중인이었던 이생이 평양기생 모란에게 빠져 재산을 털어 비녀와 비단을 사주고 나서 걸식하며 지냈던 것(『촌담해이』)도 간과할 수 없다.

『어우야담』에 나오는 얘기인데 남곤(1471~1527)이 황해도의 관찰사를 지낼 때에 쌍이라는 기생을 사랑하였다. 임기가 끝나 돌아가서도 계속 못 잊어 하자 고을 원이 기생을 치장하여 보내주었다. 마침내 남곤은 기생을 받아들여 첩으로 삼게 되었다. 그런데 하루는 남곤이 술에 취해 갑자기 첩의 집에 들이닥쳤는데 웬 잘생긴 사내 하나가 뒷문으로 내빼버렸다. 남곤이 누구냐고 묻자 기생은 거짓으로 놀란 체하며 눈물을 떨구고 은장도를 꺼내 손가락 하나를 잘랐다. 남곤은 두 마음 가진 것을 넘어 거짓 행동을 보면서 다음 날 기생을 나귀에 실어 자기 집으로 돌려보내 주었다.

또한 「세종실록」 속의 소양비와 같이 사정 민서의 기생첩이면서도 다시 이조정랑 이영서와 간통하였듯이 첩이 되어서도 난잡하게 음행을 저지르는 기생들이 있었다. 『대동기문』에는 인조 26년(1648)에 김모 평안병사의 기첩이 고을 수령 정호신에게 정을 둔 사건이 나온다. "첩 노릇하는 기생에게는 반드시 정부가 있다."는 말이 있었던 것도 허투루 생긴 것은 아닐 것이다.

한편 기생들은 자유로운 입장에서 남자들과 사랑을 구가할 수 있었지만 농염한 사랑만이 그녀들의 전부가 아니었다. 오히려 기생들은 이성적 차원에서 절제의 미덕을 발휘하며 윤리적 삶을 지향하기도 했다. 양심을 버리지 않고 스스로 목숨을 걸고 절개를 지키고자 하는 기생들의 이미지는 조선사회를 교화하는 원천이 되었다.

기생의 정절은 단순한 수용의 단계를 넘어 주체적으로 선택되고 있다. 사회는 강력한 신분의 올가미로 씌워놓고 옷고름을 풀도록 요구했으나 많은 기생들은 그에 순종하지 않았다. 무엇보다 기생들에게는 부도를 실천해야 할 규제가 없었는데도 불구하고 주체적으로 정절을 실천했다는 데서 윤리적 가치가 부각된다. 조선의 많은 사대부 집안 여성들이 간통사건에 연루되며 풍기를 문란케 한 것을 감안할 때 기생들이 스스로 선택한 정절의 의미는 더욱 증폭된다.

먼저 '하늘의 도리는 믿음을 귀하게 여기고 땅의 도리는 절개를 중하게 여긴다'는 말이 있듯이 기생들의 정절은 '일부종사'의 의미보다는 신의나 의리의 개념으로 대치할 필요가 있다. 특히 나이 먹은 기생이 후배들에게 조언을 하며 "아무리 기생이라도 마음 하나 변치 마라."고 하면서 "신의를 주장하면 자연 절개가 있느니라."(「노기자탄가」)고 했던 말이 매우 인상적이다. 그만큼 기생들이 주장하는 절개의 의미가 신의나 의리로 해석되면서 변함없는 마음, 정신적 순결에 가까웠기 때문이다. 고립무원이 된 장 선달이 부유할 때 정 주고 돈 주었던 일을 회고하며 장씨와 해로한, '의리'를 지킨 기생의 이야기도 있다(「잡기고담」).

물론 공주관기의 하소연처럼 사내들의 노리개이자 성적 노예로 사는 것에 염증을 느껴 한 사내를 선택하는 정절을 바라기도 했다.

세상을 덮을 만큼 미모로 이름이 알려진 한양기생 소춘풍은 효령대군의 아들 이정(1422~?)의 첩이 된 적이 있고 최국광의 첩이 되기도 했다. 그러나 자신을 사랑하던 사인 이수봉을 끝까지 잊지 않고 있었고 그에 대한 그리움과 의리를 저버리지 않았다. 소춘풍이 죽자 최국광은 선영에 장사를 지내주었고, 그녀를 사랑했던 종실 흥원군도 약속한 대로 장례를 치른 뒤 무덤 앞에 전을 차려놓으며 그녀의 정신적 순결을 추모했다(『청파극담』).

중종 때의 명기인 관홍장은 용모가 빼어나 달려드는 남자가 많았지만 자기 마음에 드는 사람을 찾고 있었다. 그때 강직한 선비인 한주가 나타났고, 관홍장은 그의 첩이 되어 딸 하나까지 낳았다. 사간원에 근무하던 한주가 부당하게 남해로 귀양을 가게 되자 장안의 부유하고 권력 있는 많은 사람들이 다투어 사랑을 호소했으나 일체 응하지 않았다. 이때 성종의 아들인 이천군이 매파를 시켜 구혼하였다. 관홍장은 노모가 굶주리는 것을 보다 못해 우선 이천군의 청혼을 따르기로 했다. 다만 남편이 풀려나면 떠나겠다고 했고 이천군은 그 약속을 받아들였다. 비로소 유배 갔던 남편이 돌아오자 관홍장은 이천군과 결별하고 돌아가고자 했다. 그러나 남편은 "어찌 감히 지체 높은 이천군의 부실을 차지하겠느냐?"고 거절했고 관홍장은 목놓아 울며 이천군의 집으로 향했다(『어우야담』).

조선중기 노진(1518~1578)이 전라도 남원에서 살 때 일찍 부친을 여의고 가세가 빈곤하여 결혼 비용이 없었다. 모친이 권하여 할 수 없이 선천부사로 있는 당숙부를 찾아갔다. 성문조차 열어주지 않아 방황하던 중 어린 기생의 도움으로 당숙부를 만나기는 했으나 지나친 냉대 속에 즉시 나와버렸다. 그리고 그 어린 선천기생의 집으로 갔는데 반가이 맞고 후하게 대접하며 잠자리까지 제공해주었다. 며칠을 그곳에서 묵다가 기생이 마련해준 돈을 가지고 돌아와 결혼식을 올렸다. 노진은 그 뒤 과거에 급제하여 관서 지방을 순시하던 중 그때의 어린 기생집을 찾아갔다. 그 기생은 전날 노진과 인연을 맺은 후로 절에 들어가 수절하고 있었다. 그리하여 노진은 그녀를 찾아가서 만난 뒤 함께 살았다(『계서야담』)고 한다.

영정조 시기 평안도 강계기생 무운은 용모와 재능이 뛰어났다. 한양에 사는 성 진사라는 사람이 강계에 들렀다가 무운과 하룻밤을 지낸 후 서로 정이 깊게 들었다. 무운은 그 뒤부터 다른 사람과 관계하지 않기로 맹세하고는 두 다리에 악질이 있음을 핑계 삼아 강계로 오는 벼슬아치들의 접근을 막았다. 그러던 어느 날 무운은 새로 부임한 강계부사 이경무(1728~1799)에게 다가갔다. 무운은 성 진사를 위해 수절하고자 쑥뜸을 떠서 남자들의 요구를 물리쳤던 사실을 말하고 "사또를 여러 달 모시면서 동정을 살펴왔는데 참으로 대장부이십니다. 어찌 가까이 모실 뜻이 없겠습니까?"라고 하였다. 이경무는 재임기간이 끝나 돌아가게 되었고 그 뒤 10여 년이 지나 다시 함경도 성진의 책임자로 부임하자 무운이 인사하러 갔다. 이경무가 기뻐하며 밤이 되어 가까이하려 하자 무운은 강경히 거부하였다. 이경무가 놀라 이유를 묻자 남자를 가까이하지 않기로 다짐했기에 감히 분부를 받들 수 없다고 하였다. 기생이 취하는 정절 개념이 바로 정신적 순결에 가까우며, 기생의 정절의 선택이 주체적임을 거듭 확인하게 된다.

19세의 성천기생 김부용(1813~?)은 가난한 선비의 외동딸로 태어나 어릴 때 부모를 다 잃고 기생이 되었다. 1831년 그녀는 77세의 김이양(1755~1845)을 만났다. 일찍이 평양감사의 임기를 마친 김이양은 호조판서에 제수되어 다시 한양으로 가야만 했다. 이별을 해야 하는 상황에서 김이양은 직분을 이용하여 김부용을 기적에서 빼내 양인의 신분으로 만들고 자신의 첩으로 삼았다. 김부용은 김이양과 15년을 살았다. 58세의 나이 차이는 전혀 문제되지 않았다. 사랑하고 존경하던 임을 잃자 외부와 교류를 일체 끊은 채 남편의 명복만을 빌며 16년을 더 살았다. 여성으로서 한시를 세상에 내놓기 쉽지 않던 시절 부용은 죽은 남편을 위해 "머리를 잡고 하늘에 물어도 하늘은 묵묵부답이네요 / 하늘은 길고 바다는 넓은데 한은 그처럼 끝이 없네요(搔首問天天黙黙只 天長海闊恨無極只)"(『신증동국여지승람』)라고 애도의 글을 지었다. 죽은 뒤에는 남편의 무덤 앞에 묻혔다.

기생들이 보여준 절개와 신의는 일반 부녀자들이 겪었던 윤리적 위선이나 강요된 수절과는 분명히 차이가 있다. 기생들의 정절은 주체적 선택이었고 정신적 의미가 강했다. 기생들은 존중받기 어려운 소외계층이었으나 사대부들과 교유하면서 개방적인 사고와 지적인 안목을 통해 당당하고 강력하게 세상과 맞설 수 있었다. 어느 기생은 "관우 타던 적토마도 주인 따라 죽었으니, 미물도 저렇거든 하물며 사람 되어 절의를 모를쏜가."(『소수록』)라고 했다.

특히 기생들의 윤리적 삶의 태도는 정신적 순결을 넘어 정절을 목숨보다 중히 여기기도 했다. 조선 중종 때 청주기생 춘절은 성리학자 성제원(1506~1559)과 잠자리를 같이한 것도 아닌데 인연만으로 수절하였다. 황주기생 유지도 대학자 이율곡(1536~1584)과 동침한 바 없이 율곡이 죽은 뒤 3년 동안 상복을 입었다. 영조 때의 기생 하나도 과거 급제 후에 동침하기로 맹세했던 유명순이 갑자기 죽자 인연을 생각해 자신도 따라 죽었다. 정절을 중시하는 극단적인 행위였다.

『용주유고』에서는 용강의 기생을 두고 "대장부도 사직의 존망의 기로에서는 오히려 몸을 아끼는데 너의 정절을 당시에는 알았는지 몰랐는지."라고 칭송하고 있다.

법률보다 관습이 더 힘이 세다고나 할까. 법규상 관기를 첩으로 삼으면 탄핵을 받고, 기생을 강간(간통)해서는 안 되지만 대체로 지켜지지 않았다. 관례상 기생이 사대부들의 수청을 거부하기는 힘들었으며 사실 관기들은 사신이나 고관의 잠자리 시중을 들기도 했다. 이렇듯 기생이란 한 남자에게 지조를 지킬 수 없는 신분임에도 불구하고 정절을 지키기 위해 우물 속으로 뛰어들기도 하고 수청을 거부하다 맞아 죽은 기생들도 많았다.

조선 태종 때 전라도 관찰사 허주(1359~1440)가 나주판관 최직지를 파면시켰다. 만경현령 윤강이 업무를 보기 위해 나주에 갔다가 관기인 명화가 수청을 들지 않겠다고 화를 내자 최직지가 명화를 매질하여 3일 만에 죽게 했기 때문이다.『용재총화』에 따르면 수원기생 하나는 손님을 거부했다고 매를 맞자 여러 사람들에게 어우동은 음탕한 짓을 즐겼다 하여 벌을 받았고 자신은 음탕하지 않다 하여 벌을 받으니 조정의 법이 어찌 그같이 고르지 않은가를 따졌다. 곧은 삶을 살았던 김려(1766~1822)가 유배 중에 사랑한 부령기생 지연화는 김려가 떠난 뒤 부령부사에게 모진 고문을 받다 죽었다.

조선 중기의 남명 조식(1501~1572)은 뛰어난 학덕을 갖추고서도 조정에 나아가지 않은 채 일생을 지리산 근처에서 후학들을 가르치며 살았다. 시류와 영합하지 않던 부친 조언형(1469~1526)의 기상을 그대로 이어받았다는 조식은 젊은 시절 함경도 단천군수로 와 있던 부친의 임기가 다하여 돌아갈 때까지 기생과 5년 동안 사랑을 나누었다(『문소만록』). 서로 하염없는 눈물을 흘리며 이별한 후에 기생은 찰방의 수청을 들 수밖에 없게 되자 그날 밤에 나체로 뛰어나가 미친 척했다. 이렇게 그 기생은 조식을 위해 수절하면서 나이 80이 지나도록 살았다.

『조선해어화사』에 따르면 함흥기생 금섬(?~1592)은 임진왜란 때 동래부사를 지낸 송상현(1551~1592)의 첩으로 포로가 되어 일본에 끌려갔다가 해방되어 돌아오는 배 안에서야 남편이 순절했다는 소식을 들었다. 바다에 몸을 던지려 했으나 뱃사람들의 만류로 뜻을 이루지 못했다. 때마침 배에서 만난 강항(1567~1618)이 말하길 "만일 자진한다면 당신이 몸을 깨끗이 보존해가지고 돌아오는 것으로 누가 인정하겠는가." 하였다. 금섬은 그 말을 옳게 여기고 "누가 알아주랴. 진흙에 떨어진 꽃이 / 나비에게 희롱당하지 않았음을(誰識泥中花 不爲胡蝶嬲)"이라는 시를 지어 자신의 처지를 밝힌 뒤 시집에 들어갔으나 자기 입으로 절개를 지켰음을 말하지는 않았다. 기생 출신 애향도 부산첨사 정발(1553~1592)의 첩으로 임란 시 몸을 피하지 않고 남편을 구하기 위해 적진에 뛰어든 의기다.

광해군 때 평양기생 동정월은 "기생이 비록 천한 몸이지만 마땅히 한 남편을 섬기며 일생을 마쳐야 한다."고 생각했다. 비장이나 책실들이 그녀의 자색을 흠모한 나머지 형벌을 가하고 부모를 가두기까지 했지만 끝내 순결한 마음을 바꾸지 않았다. 부모가 남편감을 여러 번 구했지만 "제가 스스로 고를 것입니다."라고 주장하고 가난한 노총각을 남편으로 맞았다. 그리고 남편과 함께 상경하여 서대문 밖에 술집을 차려 장안 제일의 색주가로 만들었다. 그 뒤 남편 이기축(1589~1645)을 가르쳐 인조반정에 가담케 하고 마침내 병조참판에 이르게 하였다(『해동야서』).

16~17세기 함경도 단천기생 일선은 군수로 부임하는 아버지를 따라 내려온 스물두 살의 기인을 좋아하였다. 두 사람은 순식간에 사랑에 빠졌고 명망이 높던 부친이 갑자기 파직을 당해 서울로 가게 되었다. 이렇게 기인은 떠났고 일선은 한 번의 사랑을 지키기 위해 수절을 하고 있었다. 안찰사를 위한 기생점고의 연락을 받고 일선은 몹쓸 병에 걸렸다는 핑계로 나가지 않았다. 그 후 기인은 일선을 그리워하다 병으로 세상을 떠났고 그 소식을 들은 일선은 한양으로 달려가 3년상을 다 치르고 돌아와 평생토록 절

개를 바꾸지 않다가 일흔이 넘어 죽었다. 김만중(1637~1692)은 일선의 절행을 기려 212구나 되는 장편서사시 「단천절부시」를 지었다. 벼슬(예조좌랑)을 시작하면서 행한 첫 정치적 활동이 시골의 천한 기생의 절개를 표창하라는 것이었다. 일선에게 국가에서는 숙종 17년(1691)에 정려문을 세워주었다.

효종 때 무인 전태현이라는 자가 평안도 만포첨사를 제수받고 부임한 뒤 기생과의 사이에서 딸 하나를 낳은 후에 연로하여 병사했다. 그 딸의 이름은 관불이었는데, 관불의 아름다운 자색은 비할 데가 없었다. 새로 부임한 만포첨사가 관불에게 수청을 요구했으나 그녀는 죽음을 무릅쓰고 따르지 않았다. 그러자 첨사는 분노하여 위협을 가했고 관불은 더 이상 거절할 수 없는 상황으로 몰리자 강물에 투신하였다. 조정에서는 정려문을 세워 표창을 하였다(『양은천미』). 기생의 딸이라는 이유로 자기와 상관없다 하여 '관불'이라 이름을 지어준 아비의 가문을 위해 정절을 지키려 한 관불의 마음이 순수하기만 하다.

영조 때 정승을 지낸 조문명(1680~1732)이 동지부사로 연경에 가기 위해 안주를 지나다가 여러 고을 수령들과 백상루에서 잔치를 벌였다. 여기에 참석한 어린 기생은 겨우 열두 살이었지만 재주와 용모가 뛰어났다. 조문명은 그녀를 사랑하여 가지고 있던 부채를 건네주고 떠났다. 그 기생은 부채 하나 받은 뒤로 수절하기로 맹세하고 많은 유혹과 협박에도 불구하고 처녀로 살았다. 조문명은 그녀의 행실을 가상히 여기고 사신으로 갔다 돌아오는 길에 데리고 올라갔다(《금계필담》).

대제학을 지낸 이광덕(1690~1748)과 사랑을 나눴던 함흥기생 가련은 천성이 강개하여 제갈량의 「출사표」를 좋아했는데, 달 밝은 밤이면 이광덕을 위해 「출사표」를 읊곤 하였다. 이광덕은 영조 때 호남지방에 암행어사로 파견되었다가 그곳에서 만난 어린 가련에게 시를 지어주었다. 수십 년이 흘러 이광덕이 함흥으로 귀양을 갔는데 가련이 그 시를 품에서 꺼내 보여주었다. 미색이 출중한 가련은 그동안 많은 사대부로부터 협박과 유혹을 받았으나 이광덕만을 생각하며 절조를 지켜온 것이다. 가련은 이광덕이 유배생활을 하는 기간에 정성을 다해 뒷바라지를 했다. 몇 년 만에 풀려난 이광덕은 한양으로 돌아가 얼마 안 있어 죽고 말았다. 비보를 들은 가련은 제사상을 차려놓고 통곡하고는 「출사표」를 읊은 뒤 자결하였다.

영조 때 미모와 가무로 이름을 날리던 영월기생 경춘은 부사 이만회(1708~?)의 아들 이수학에게 처음으로 몸을 허락할 만큼 사랑하게 되었다. 임기를 마친 아버지를 따라 과거급제 후 결혼하기로 약속하고 이수학은 한양으로 떠났다. 경춘은 그 뒤 탐욕스런 관리들로부터 몽둥이로 피가 흐르도록 맞아가며 절개를 지키다 열여섯 어린 나이에 결국 강물에 투신하고 말았다. 시체를 인양해보니 경춘의 몸에는 이수학의 편지가 들어 있었다. 홍직필(1776~1852)은 이같이 경춘에 대한 전기를 쓰면서 "이익 때문에 의를 어기지 않으며 죽음이 두려워서 지금껏 지켜온 것을 바꾸지 않는다는 말이 있었는데 이러한 것은 선비가 지켜야 할 행동으로 권장해도 어려운 것인데 하물며 여자이고 천한 기생임에랴."(『매산집』)라고 했다.

정조시대 평안도 강계기생 소상매도 천한 기생이면서 지극히 어렵고 귀한 절행을 보였다. 평안감사 김이소(1735~1798)가 도내의 효자와 열녀를 아뢰니, 왕이 전교하기를 "소상매는 천한 기생으로서 한 지아비를 섬기다가 뒤따라 죽었다 하는데 이처럼 굳은 절개는 전에도 드문 일이니 특례로 포상하는 것이 마땅하다."(『정조실록』)고 했다.

19세기 초의 평양기생 난임은 몸가짐에 품위가 있어 명문가 규수라도 더할 것이 없었다. 그녀 스스로 말하기를 양반집 태생도 아니면서 일부종사하는 정숙한 여인의 도리를 본받고자 하니 우습다고 하였다. 그리고 자신이 만난 사람은 많아도 마음에 드는 사람이 없어 더 기다릴 것이라고 하였다(『녹파잡기』). 이와 같이 기생들에게 사랑을 선택하는 자유와 함께 순결을 지키려는 윤리적 주체로서의 의식이 있었다.

헌종 때 활동한 위항시인 대산 오창렬은 평안도 덕천기생 초운을 보고 예뻐하였다. 오창렬은 이별하면서 어린 초운에게 시를 지어주며 "세월은 자꾸 흘러 기다리기 어렵고 / 벌과 나비 어지러울 테니 돌아올 때까지 지킬 수 있으랴"라고 안타까워했다. 그러나 15세 처녀의 몸이었던 초운은 오창렬이 준 시를 붙들고 기방의 문을 닫은 채 손님을 거절하였다. 이후 오창렬은 이를 기특하게 여기고 초운을 총애하여 첩으로 삼았다(『녹파잡기』). 오창렬은 천성이 맑고 기품이 단아한 군자로 소문이 자자했던 인물이다.

19세기 후반 가무와 시서화로 유명했던 김해기생 강담운은 15세에 문인화가 배전(1843~1899)을 만났다. 애석하게도 부부로 만났던 배전이 자신의 머리를 올려주고 바로 한양으로 떠나야 했다. 그 뒤 담운은 많은 남성들의 유혹을 받으면서도 배전만을 생각하며 절조를 지키고 살았다.

기생문인들도 자아에 대한 성찰과 인생에 대한 총체적 인식 속에 많은 어려움을 이겨내며 창조적 삶을 위한 가녀린 노력을 보였다. 정신적 순결을 핵심가치로 삼는 기생들의 절의가 현실적 사회적 차원에서 논의될 수 있으나, 기생문인들의 절의는 대체로 당대를 뛰어넘는 근원적이며 존재론적인 성격으로 나타났다.

기생은 접근해오는 남성들을 얼마든지 품을 수도 있고 애욕을 무한히 발산할 수도 있다. 그러나 기생이라고 다 그런 것은 아니었다. 고려시대 평안도 팽원(안주의 옛 지명)기생이었던 동인홍은 자아성찰의 시를 통해 정절에 대한 각오를 잘 드러내 보였다(『청장관전서』 33). "기생과 양가집 규수 사이에 / 묻노니 그 마음 다를 게 있나요 / 슬프다 송백같이 굳은 절개로 / 죽어도 딴 뜻 안 갖기로 맹세한다네(娼女與良家 其心問幾何 可憐栢舟節 自誓矢靡他)." 순결을 소중히 여기는 마음에 신분의 차이가 있을 수 없는데도 세상은 그렇지 않은 게 사실이다. '동인홍(動人紅)'의 이름이 말해주듯 그녀는 허튼 수작을 부리는 사내들의 얼굴을 부끄럽게 만들 만큼 꼿꼿

한 여성이었다.

정절을 지키려는 마음은 조선에도 그대로 이어졌다. 앞서 나온 바와 같이 영흥기생 소춘풍은 궁궐 잔치에서 시를 잘 지어 성종으로부터 엄청난 하사품을 받고 이름을 천하에 떨쳤다. 성종의 은총까지 입으며 사랑을 나누던 28세의 소춘풍은 38세를 일기로 성종이 승하하자 머리를 깎고 중이 되었다(『오산설림초고』)는 사실은 임에 대한 의리가 확고했음을 말해준다.

홍원기생 홍랑은 자색이 있고 절의가 뛰어났다. 천품이 호탕하고 재능이 풍부했던 최경창(1539~1583)이 선조 6년(1573) 함경도 북평사(병마절도사의 보좌관)로 와 있을 때에 서로 뜨겁게 사랑했다(『기문총화』). 최경창이 1년도 되지 않아 한양으로 가게 되자 홍랑이 송별하고 돌아오면서 "묏버들 가려 꺾어 보내노라 님에게……"라고 읊었다. 홍랑은 비를 맞고 새롭게 돋아나는 버들과 같이 늘 샘솟는 사랑을 절실히 염원했다. 물론 최경창은 화답으로 난초 한 포기를 보냈다. 최경창이 이듬해 병으로 눕게 되자 홍랑은 7일 밤낮을 걸어 한양에 도착하여 병을 간호했다. 이 일로 정적들에 의해 최경창은 파직당했고 홍랑은 고향으로 돌아가야 했다. 시간이 흘러 1582년 종성부사로 있던 최경창이 이듬해 상경하던 도중 함경도 경성의 객관에서 세상을 떠났다. 홍랑과 최경창 사이에는 아들이 하나 있었으며, 최경창 사후 사내들의 접근을 막아가며 9년간 그의 무덤을 지켰다. 최경창 곁에 묻히길 바랐던 대로 홍랑은 최경창의 자손들에 의해 경기도 파주의 같은 장소에 모셔졌다.

『춘향전』이 인습에 대한 필사적 항거와 함께 드러내는 정절의 의미는 문화적 매력으로 각인되고 있다. 춘향이가 사또의 수청을 거절하다 태형을 맞게 되자 〈십장가〉를 부르는 대목이 백미다. "춘향이는 저절로 설움 겨워 맞으면서 우는데, '일편단심 굳은 마음 일부종사 뜻이오니, 일개 형벌 치옵신들 일 년이 다 못 가서 일각인들 변하리까.' 둘째 날 딱 부치니, '이부절(二夫節)을 아옵는데 불경이부 이내 마음 매 맞고 죽어도 이 도령은 못 잊겠소.' 셋째 낱을 딱 부치니, '삼종지례 지중한 법 삼강오륜 알았으니 삼치형문(三治刑問) 정배를 갈지라도 삼청동 우리 낭군 이 도령은 못 잊겠소.' 진정한 사랑을 지키고자 하는 춘향이의 자발적 의지는 정숙한 여성 이미지로 승화된다.

기생들이 정절을 지키려 했던 태도는 시대를 초월하여 나타나고 있다. 영조 때의 황해도 곡산기생 매화는 누구보다도 순결의식이 강했다(『계서야담』). 매화는 곡산의 신임사또로 부임한 홍시유를 만나 독실하게 사랑을 했다. 하지만 병신옥사에 연루되어 홍시유가 참형을 당하자 그의 부인 이씨도 남편을 따라 자결했다. 매화는 홍시유 내외를 선영에 합장한 뒤 며칠을 허탈한 마음으로 지내다 오늘날 절창으로 회자되고 있는 "매화 옛 등걸에 봄이 다시 돌아오니……"라는 시조를 읊었다. 다음 날 매화의 시체가 홍시유의 무덤 곁에서 발견되었다고 한다. 보살펴주고자 했던 관찰사 어윤겸을 떠나 사랑하는 사람을 위해 순절한 것을 두고 세상 사람들은 '재가열녀'(두 번 결혼한 열녀)라 불렀다. 물론 나이 든 황해감사의 기첩인 매화가 젊은 곡산부사와 밀통했다고도 볼 수 있다.

18세기 중반 강화기생 송이는 드높은 인격과 정신을 거침없이 보여주었다. "솔이 솔이라 하니 무슨 솔만 여기는가 / 천심 절벽에 낙락장송 내 그것이로다 / 길 아래 초동의 접낫이야 걸어볼 줄 있으랴"라고 자신의 이름을 넣어가며 지조 있는 자아를 잘 드러내었다. 해주 선비 박준한이 과거시험을 치러 한양에 가다가 강화도 객사에 머무른 적이 있었다. 박준한은 호기심에서 그녀를 불러 술자리를 함께했는데 송이는 이 자리에서 자기의 기상을 한껏 발휘하였다. '나무하는 아이들의 작은 낫 따위를 함부로 걸어볼 수 있겠느냐'는 송이의 태도에서 오만할 정도의 자부심을 읽을 수 있다.

구지라는 평양기생을 보면 주체적으로 정절을 지키려는 의지가 강렬하다. "장송으로 배를 묶어 대동강에 흘러가게 띄어 / 유일지 꺾어다가 구지구지 매었으니 / 어디서 망녕엣 것은 소에 들려 하는가." 초장의 숭고한 존재로 인식되는 '소나무'와 광활한 이미지를 표출하는 '강'이 제공하는 신뢰감이 돋보인다. 구지는 자신을 소나무로 만든 배에 비유하고 그 배를 유유히 흐르는 강물에 띄우겠다고 말했다. 진취적인 기상과 강직한 태도에는 불순한 것이 용납될 수 없기에 '망령된 것'이 자신을 늪으로 유혹하는 교활한 행위를 막아낼 수 있다. 구지를 비롯하여 송대춘, 송이, 황진이, 매화 등 기생들이 작품 속에다 자신의 이름이나 호를 넣는 것도 주체적 의지의 발로이다.

황해도 해주기생 명선(1830~?)은 비록 12세에 관찰사의 권력에 못 이겨 수청을 든 바는 있으나 "천금이 꿈속이라 푼돈냥에 허신할까 / 기생이라 웃지 마소 눈 속의 송백일세"라고 하였다. 재물이나 권력에 몸을 허락하지 않을 만큼 기생의 순결한 정신이 드높다. 명선은 16세에 김 진사를 만나 아들까지 갖게 되었다. 그러나 얼마 되지 않아 김 진사는 떠나야 했고, 기다리던 명선은 한양에 올라갈 때까지 김 진사와의 인연을 고이 지켜나갔다. 심지어 명선은 신관사또의 수청 명령에도 '도끼날도 무섭잖다'고 대응했다. 명선은 임에 대한 절개를 중국의 백이숙제와 악비(1103~1142)에 대비하기도 하고 고려 충신 72명과 정몽주(1337~1392)에 견주기도 했으며, 남자가 배신하자 강물에 빠져 죽은 기생 두십낭의 지조까지도 언급하였다(『소수록』).

기생 옥소도 진나라 부자 석숭(249~300)이 사랑했던 기생 녹주가 주인을 위해 자결했고, 명기 두십낭이 남자에게 배신당해 강물에 투신했으며 순임금의 두 왕비인 아황과 여영이 절개로 손꼽혔음을 통해 기생들의 정조를 강조한 바 있다(『소수록』). 한편 어느 기생은 편지 속에서 "김씨나 이씨나 남자들은 다 똑같은 듯"이라 말하면서 "진실한 남자 없음이 평생 한이오."(『소수록』)라고 일갈하였다.

함경도 명천기생 군산월은 철종 4년(1853) 한양에서 유배 온 사대부 김진형(1801~1865)의 수발을 들게 된다. 19세 꽃다운 나이의 군산월은 본관사또 수청까지 거절하면서 53세 선비가 첩으로 삼겠다는 약속을 믿고 그를 뒷바라지하며 인연을 맺게 되었다. 그러나 막상 유배에서 풀려나자 김진형은 약속을 저버리고 귀로에 군산월을 집으로 돌려보냈다. 그녀는 처절하게 배신을 당했고, 김진형의 고향땅에는 「군산월 애원가」라는 가사가 널리 퍼졌다. 그러나 자신의 정절을 내세우며 '아무리 기생이나 행실이야 다르겠는가'를 반복하던 그녀는 마지막 탄식 속에서도 "이내 신세 자위하고 근근이 돌아가서 / 절행을 지키고서 일부종신하리라"라고 다짐했다. 버림을 받고도 '불경이부 일부종사'의 정절을 강조하는 기생의 순수함에서 처절함이 묻어난다.

개인의 인권을 상상도 할 수 없었던 여건 속에서 기생들은 정신적 육체적 순결을 지킴으로써 인간의 존엄성을 인정받고 싶어 했다. 기생문인들도 임과 이별 후에 새로운 만남이나 사랑을 갈구할 수도 있을 것이나 그런 내용의 작품은 찾아보기 힘들다. 그만큼 그녀들이 남성이나 제도에 철저하게 종속되지는 않았음을 뜻한다. 인간이 지닌 본질적 자존감은 성적 차별이나 신분의 고하등 어떠한 비인격적 조건과 무관하게 유지될 수 있다. 기생들은 미약하나마 나름대로 몸과 마음의 절조를 가꾸는 신념 속에서 인격적 주체가 되기를 기대했다.

기생들에게는 분명히 직업적 특수성과 취약점이 있었다. 오죽하면 기생집에서 하지 말아야 하는 행동 다섯 가지인 기방오불(妓房五不)이 전하며 그 첫 번째로 기생의 맹세를 믿지 말라는 것이었겠는가. 처음에는 기생을 두고 사악하니 요망하니 하던 고관들마저 얼마 지나지 않아 기생에게 꼼짝 못하는 모습은 숱하게 전하고 있다. 순진한 양반들은 기생의 말과 약속을 믿었다가 낭패를 보고 신세를 망치기 일쑤였을 것이다. 이토록 문제를 안고 있는 기생집단 속에서 기생들 스스로 나타낸 아름다운 인간상에 대한 고민과 자존감의 표방은 값지지 않을 수 없다. 더구나 헤아릴 수 없을 정도로 많게 시기를 초월하여 기생들이 보여준 정신적 순결에 대한 가치 지향은 소홀히 할 수 없다.

9

기생의 사랑은 슬프다

　　고려 중기 이후부터 기생을 사랑하여 처첩으로 삼고 자식을 낳은 인사들이 있었다. 고려 명종 때의 공부상서 조원정(?~1187)은 기생의 아들이었고 고려 후기 권신이었던 최이(?~1249)의 아들 항도 기생에게서 태어났다. 고려 말엽 초계 사람 정통은 나주 서기로 있을 때 기생 소매향을 사랑하여 아이 하나를 낳았으며 평생 첩으로 데리고 살았다. 『용재총화』에 의하면 조선 세종 때의 김사문은 아내가 죽자 자신이 사랑하던 밀양기생 대중래를 데리고 한양에 올라왔는데 승지로 벼슬이 높아지고 기생이 두 아들을 낳자 정실부인으로 올려주었다. 조선의 사대부 가운데 신찬, 정철 (1536~1593), 심희순(1819~?) 등 기생을 사랑하여 첩으로 삼은 남자도 많고, 심지어 김하(?~1462), 이언적(1491~1553), 최경창(1539~1583), 김시양(1581~6143) 등 자식까지 낳은 양반들도 많다.

　　또한 조정의 벼슬아치들이 기생을 사랑하여 싸우는 경우도 많았다. 성종 때 재상 이영근과 이곤(1462~1524)이 같은 기생과 정을 통하고 서로 쟁탈하는가 하면, 명종 때 윤임(1487~1545)의 기첩 옥매향을 두고 임백령(1498~1546)이 다투었다. 기생을 사랑하다 파직을 당하고 유배를 가며 죽음에 이르는 등 곤욕을 치른 경우도 허다했다. 많은 선비들은 자신이 평생 증오하는 것이 여색이라며 친구들에게 만일 여색에 빠진다면 절교를 선언해도 좋다고 호언장담을 하였다. 그러나 기생에 넘어가 귀신이 된 이야기(『기문』)도 있듯이 기생에 빠져 온갖 추태를 보이며 비웃음거리가 되는 경우가 비일비재했다.

황해감사로 있을 때 해주기생을 사랑하던 남곤(1471~1527)은 한양으로 돌아오며 밤새도록 생각에 잠겨 잠을 이루지 못했다. 조선 세종 때 선비 김위민은 평양에서 근무하는 동안 사랑했던 기생 패강춘과 헤어지게 되자 통곡을 하며 비오듯 눈물을 흘려 옷깃을 다 적셨다. 『지봉유설』에서는 평안도 평사로 간 백광홍(1522~1556)이 관서기생을 사랑했다가 병을 얻어 도망쳐 왔다가 뒤에 「관서에서 놀던 시」를 보낸 것을 두고 호걸인사로서 일개 아녀자에게 현혹되어 마음에 잊지 못하는 것이 이와 같았다고 지적했다. 기생을 사랑하다 헤어지는 괴로움을 토로한 남자가 수도 없다.

한편 사대부들은 기생을 만난 감흥을 시로 표현했고 기생과 이별하면서 서운한 마음을 시로 남겼으며 기생이 죽은 후에도 시를 지어 바쳤다. 이규보(1168~1241), 이율곡(1536~1584), 홍만종(1643~1725), 채제공(1720~1799) 등 많은 유학자들이 기생을 찬미

하는 시를 지었을 뿐만 아니라 고려시대 경학의 대가였던 이곡 (1298~1351)은 삼척기생 완계사를 만났다 헤어지며 시를 지어 아쉬움을 표했고, 조선시대 영월부사 신광수(1712~1775)는 영조 22년(1746) 삼척기생 농월선을 만나 죽서루에서 놀다 헤어지면서 시를 지어주었다. 박충좌(1287~1349), 심희수(1548~1622), 이수광 (1563~1628), 권필(1569~1612) 등 기생의 죽음을 애도하는 시를 지은 선비도 부지기수다.

사대부가의 부녀자들은 비교적 윤리와 예법 때문에 자유로이 사랑을 구가하기 힘들었다면 기생들은 자유롭게 사랑을 할 수는 있으나 진실한 사랑을 향유하기는 어려웠다. 어떤 선비가 기생을 끔찍하게 사랑하자 그의 아내가 기생에게 빠지는 이유를 물었다. 남편은 아내에게는 공경해야 하기 때문에 조심해야 하지만 기생에게는 그렇지 않아 드러내놓고 못할 짓이 없지 않느냐고 답했다. 그러자 아내는 누가 자기를 공경하라 했고 조심하라 했느냐며 화를 냈다는 유명한 이야기가 있다. 공경하다 보면 소원해지고 조심하지 않아도 될 때 친해지기도 한다. 일반 여성들에게는 인간의 자연스러운 욕구를 억제하며 이성으로 살기를 요구하는 관념이 우선이었다면 기생들에게는 제도적으로 자유로운 감성과 사랑의 표출이 허용되나 사회가 그녀들의 진실을 받아들이기에는 순수하지 못하고 경직되어 있었다.

기생들은 애정관계에서 적극적인 면모를 많이 보였다. 그러나 일반적으로 기생과 사대부들의 사랑은 애초부터 한계가 있었다. 지방에 파견되었던 관리의 임기가 끝나면 사랑도 지속되기 어렵기 때문이다. 기생은 원칙적으로 사사로이 관내를 벗어나 다른 지역으로 갈 수 없으므로 관리들과 깊은 사랑을 나누었다가도 헤어지면서 그 사랑을 끝내야 했던 것이다. 더욱이 많은 사대부들은 기생과 후일을 약속까지 해가며 사랑을 하다가 임기가 만료되어 떠날 때는 생각이 바뀌어 따라오는 기생들을 매몰차게 떨쳐버렸다. 16~17세기 부사를 따라 한양으로 가던 삼척기생 계화가 더 이상 갈 수 없게 되자 귀가 중 산적에게 겁탈당할 위기를 맞아 바위에서 떨어져 죽었다는 이야기(『진주지』)도 있다. 사대부들도 사랑하던 기생과 헤어지면서 아픔을 겪었지만, 정만 주고 떠나는 사대부들에 의해 기생들은 저린 가슴을 안고 고통스러워했다.

더구나 잠시 왔다가 떠나가면 그만인, 믿을 수는 없는 존재임을 알면서도 직업상 남자들과 접촉할 기회가 많으므로 순진하게 다시 사랑을 하게 되고 슬픔은 이어졌던 것이다. 이처럼 기생들에겐 현실적 시선과 낭만적 감정의 교차가 두드러졌다. 한편 처음부터 굳게 믿고 사랑했으며 심지어는 신의를 갖고 정절을 바치고자 결심했건만 그 역시도 배신으로 인해 공허해지기 일쑤였다. 그녀들이 바라던 순수나 진실과 거리를 둔 채 남자들은 약속과 무관하게 안정된 생활을 찾아 출세의 방향으로 의연히 움직였다. 첩이 되어서도 사랑을 받지 못하는 경우가 많았다. 자유로이 사랑을 선택할 수 있을지언정 사랑을 지킬 수 있는 힘은 부족했다. 그리하여 그녀들은 사랑에 슬퍼했고 절망했다.

기생을 다룬 영화 〈해어화〉에서 주인공 정소율(한효주 분)이 부른 〈사랑 거짓말이〉가 영화 엔딩에 삽입되어 반응이 뜨거웠던 적이 있다. 기생들 스스로 말하듯이 '벼락처럼 만났다가 번개처럼 헤어지는' 남자와의 만남은 한이 깊었다. 신분제하에서의 기생은 인격이나 덕망과 무관하게 남자들에게는 성적 호기심이나 욕망 충족의 상대 이상이기 어려웠다. 그리하여 아무리 높은 절행으로 자신의 몸가짐을 바르게 하려 해도 남자들로부터 존중받기는커녕 조롱받기 십상인 것이 기생들의 처지였다. 사랑하는 연인에게 보낸 시나 편지 같은 글을 보더라도 기생보다는 남성들이 쓴 것이 더 많은데 매우 상투적이고 진정성이 의심되는 유희적이고 낭만적인 내용들이다.

문장과 가무가 뛰어났던 성주기생 성산월은 한강에서 뱃놀이를 하는 고관들의 잔치에 초대받아 남대문을 나서다 과거에 낙방하고 쓸쓸히 고향 여주로 돌아가는 민제인(1493~1549)을 만났다. 원래 경상도 성주 출신이었던 성산월은 재주와 용모가 출중하여 선상기로 뽑혀 한양으로 올라온 기생이다. 성산월은 민제인을 집으로 데리고 들어가 정중히 대접했고 두 남녀는 깊은 사랑에 빠졌다. 그러나 성산월은 그가 천하를 경영할 만한 그릇임을 알고 곧 떠나보내야 했다. 그리고 성산월은 지혜를 발휘하여 그를 장원 급제까지 시켰다. 하지만 그는 과거에 급제한 후 성산월을 찾지 않았다. 비로소 성산월은 기생과 선비의 사랑이 얼마나 부질없는 것인가를 처절히 깨닫게 되었다. 『어우야담』에 의하면 성산월은 다른 어느 선비도 사랑하지 않고 말년에 장흥에 사는 중인의 첩이 되어 편안히 생을 마쳤다.

명종 시절 심수경(1516~1599)은 이부랑으로서 관서지방에 가서 평양기생 동정춘과 사랑하다 조정에 돌아왔다. 어느 날 동정춘으로부터 "님을 그리워하지만 뵈올 수 없으니 생이별의 그리움을 견딜 수 없습니다. 차라리 죽어서 무덤 속이라도 같이하고 싶어 곧 선연동으로 돌아갈 생각입니다."(『견한잡록』)라는 편지를 받았다. 평양 칠성문 밖에 있는 선연동은 기생이 죽어 묻히는 곳이다. 어릴 때 교방에서 기예를 배우다 15세에 처음으로 남자와 동침한 일을 수치스러워하며 기생의 운명을 저주해온 동정춘은 늘 자신이 죽으면 '직제학 심수경의 첩'이라 쓴 비석을 세워달라고 친척들에게 부탁을 해왔다. 심수경은 동정춘과의 사랑 이후 홍주기생 옥루선, 전주기생 금개, 대구기생 막종을 사랑하는 등 여성 편력이 심했다.

18세기 북평사에 임명되어 함흥에 온 서명빈(1692~1763)을 만나자마자 사랑에 빠지게 된 기생 취련은 서명빈과 장래를 약속하면서까지 열렬히 사랑을 했다. 그러나 명문가 출신의 서명빈이 한양으로 떠나게 되자 상황은 달라졌다. 소식을 기다리던 취련은 편지를 썼다. 답장조차 없자 취련은 한양으로 올라갔다. 그러나 취련은 서명빈의 집에 들어가지도 못하고 발길을 돌려야 했다. 취련의 애절한 사랑은 장안의 화제가 되었다. 기생들은 사랑의 허상을 좇는 모순을 스스로 떠안고 살았다.

순조 때 살았던 함경도 부령기생 영산옥은 처음에 유배객 김려(1766~1822)를 흠모하고 연정을 품었다. 김려는 사람들을 인격적으로 대했기 때문에 그를 좋아하는 기생도 많았다. 김려를 포기해야 했던 영산옥은 그 후 부령에 유배되어 온 김려의 친척인 서시랑을 깊이 사랑하게 되었다. 서시랑은 용모가 아름답고 가무와 시서화가 뛰어난 기생 영산옥에 빠졌고 영산옥 또한 처음으로 남자를 알게 되었다. 그러나 얼마 되지 않아 다른 남자들처럼 서시랑은 한양으로 떠나야 했다. 영산옥은 일시적인 사랑 앞에 눈물을 흘릴 수밖에 없었다. 그 후 영산옥은 부령부사로 온 유상량(1764~)의 수청을 거절하면서 곤욕을 치러야 했다.

19세기 초 평양기생 희임은 가곡에 능하고 춤 솜씨가 평양에서 첫손가락에 꼽혔다. 그녀가 사랑하던 평계 선생이 한양으로 돌아가자 밤에 달을 보나 아침에 꽃을 보나 실의에 빠진 채 가슴 아파했고, 새 옷이 헐렁해질 정도로 야위게 되었다. 3년이 지나 선생이 다시 부임하여 전날의 인연을 잇게 되었는데, 1년 조금 넘어 선생이 다시 돌아가서는 기약한 때가 지나도 오지 않자, 그녀는 평계 선생 얘기만 나오면 가까스로 긴 한숨만 토해낼 뿐 눈물이 그렁그렁하였다. 그녀가 선생을 얼마나 사랑하는지 알 만하였다(『녹파잡기』).

앞서 나왔듯이 철종 때 안동 출신의 선비 김진형(1801~1865)은 유배 갔다가 인연을 맺은 명천기생 군산월을 첩으로 데리고 가겠다는 약속과 달리 떨쳐버렸다. 이 배신행위에서 보듯이 기생들이란 사대부들과의 만남에 일시적으로 호응하는 도구로 여겨지곤 했다. 오죽하면 군산월이 임과의 이별을 두고 "생초목에 불이 탄다."고 했겠는가. 기생들은 때로는 사악한 남자들로부터 물건 취급을 받으며 무시당하고 버림받는 처지가 되어야 했다. 그런 가운데도 기생들은 외롭고 나약한 마음에 눈앞의 남자와 다시 사랑을 나누게 되니 슬픔은 떠나지 않았을 것이다.

한편 기생에게 사랑은 육체적 접촉에 불과한 모욕이었다. 19세기 중반을 살았던 해주기생 명선은 열두 살에 처음 남자와 잠자리를 같이했던 기억을 떠올리며 '짐승' 같은 일이었다고 했다(『소수록』). 손님 접대를 거부하고 도망갔다 잡혀온 공주기생 하나도 "밤새 잠을 못 자게 하면서 저희들을 데리고 노니 저희들은 짐승 같은 느낌이 들 뿐이라."(『간옹우묵』)고 실토를 한 바 있다. 젊었을 때 재능과 가무로 이름을 날리던 평양기생 하나는 감사를 모시던 시절 무뢰배에게 강간당하고 집으로 돌아와 더운 물로 몸을 씻었으나 비위가 가라앉지 않아 며칠 동안 밥을 먹을 수 없었다(『계서야담』)고 고백하였다. 이쯤 되면 기생에겐 정서적 사랑이 아닌 육체적 교합만이 있을 뿐이다.

근대 시기 기생 박금옥은 「사랑으로 죄악에」라는 제목의 글 첫머리에서 "복잡하고 단단한 사람의 감정생활 가운데서 가장 굳세고 뜨겁게 나타나는 것은 이성에 대한 애정이외다."(『장한』 제2호)라고 했다. 그리고 연애에 취하여 물불을 가리지 않는 것을 보면 '연애란 맹목적이라'는 말이 참으로 그럴듯하게 느껴진다는 생각을 드러냈다. 그녀는 다시 "이성에 대한 애정이 가슴에 끓어오르고 질투의 마음이 온몸을 충동하더라도 밝은 양심과 굳센 의지와 세밀한 반성으로써 감정의 흥분을 억제해야 한다."라고 하여 감정을 극복하는 윤리적 당위성과 함께 애정의 분출이 얼마나 감당하기 힘든가를 보여주었다.

20세기 초 뜻대로 사랑을 이루지 못하자 기생 김목단과 이발사 이경성이 동반자살하려 한 사건이 일어나기도 했다. 한남권번 기생 염계옥은 1929년 11월 자기 집에서 방문을 걸어 잠그고 작은 칼로 목을 찔러 자살을 시도하였다. 그녀는 서울 청진동에 살던 박모라는 고리대금업자를 우연히 사랑하게 되었었다. 그런데 박모는 염계옥의 정조를 유린하며 자신의 야욕만을 채운 후 그녀를 헌신짝처럼 버리고 말았다. 염계옥은 결국 돈 한 푼 얻어내지 못하고 정조만 빼앗긴 사실을 원통하게 여겨 자살을 선택하고자 했던 것이다.

그 이전 1923년 평양 출신의 기생 강명화(1900~1923)가 23세에 음독자살한 사건은 너무나 유명하다. 서울에 올라와 기생으로서 이름을 날리던 강명화는 대구 부호의 아들 장병천과 사랑에 빠져 장래까지 약속했다. 결혼에 대한 남자 부모의 반대와 기생을 멸시하는 사회의 비난 속에서도 두 사람은 행복하게 지냈다. 그러나 상황이 더욱 힘들어지자 강명화는 쥐약을 먹고 자살했고 4개월 후 장병천도 독약을 마시고 죽는 충격적인 사건이었다. 한국 최초의 여성 서양화가이자 자유연애의 선구자였던 나혜석(1896~

1948)은『동아일보』(1923)에「강명화의 자살」이라는 제목의 글을 쓰면서 원하는 바를 얻지 못했다고 해서 스스로 죽는 것은 비겁한 행위라고 하면서도 "나는 언제든지 자유연애 문제가 토론될 때는 조선 여자 중에 연애를 할 줄 안다 하면 기생밖에 없다고 말하여 왔다."고 했다. 기생은 남자들과 자유로이 만나본 경험이 많아 좋은 사람을 고를 만한 판단력이 있으며 특히 기생에게는 사랑을 구가할 만한 순수한 열정이 있다고 본 것이다.

지금까지 살펴보았듯이 역사적으로 사대부들과의 만남에서 겪게 되는 기생들의 모순된 심사를 우리는 간과할 수 없다. 즉 남자들을 불신하면서도 무시로 찾아드는 사랑 속에서 그녀들의 애틋함과 곡진함이 쉽게 발견되기 때문이다. 사실 기생에게 이별이란 특별히 문제될 만한 것이 아니라 일상의 일이었다. 스쳐 지나가는 과정이라 여기고 감수하면 그만이다. 하지만, 그녀들에게도 간직하고 싶은 자기만의 진지한 사랑은 있기 마련이었고 깊은 이별의 상처를 안고 살아야 했을 것이다. 무명의 기생일수록 더욱 임을 잊지 못해 홀로 애태우며 지냈을 것은 자명하다. 임을 그리워하며 병이 들었던 기생들은 사는 것이 귀찮으며 죽고 싶은 마음뿐이라 고백했다. 더구나 온전히 믿고 의지하고 싶었던 임과의 관계 속에서 분출하는 기생들의 실망과 비탄은 이만저만이 아니었다. 이는 바로 앞 장에서 다룬 정절을 지키려는 데에 따른 반작용일 것이다.

이같이 기생들의 애정이 대개 비극적 결말을 예견하는 것이었지만 오히려 그 사랑의 밀도는 더 격렬했다는 점에 특별히 주목할 만하다. 이는 남녀관계에 있어 기생들의 애정이 일반 부녀자들의 사랑보다 더 지속적이길 바라는 현실적인 요구에 따른 것이었음을 뜻한다. 처음부터 애정에 진실성을 담보하기 어려운 관계이다 보니 불안하고 초조했을 것이요, 비어 있기에 더 채우고 싶은 이치와도 같다. 상대와 평생을 함께할 수 있는 제도적 장치나 사회적 인식이 뒷받침되지 않는 긴장 속에서 기생들의 사랑은 더욱 정신적이며 절실한 성격으로 흘렀을 것이다.

기생들의 사랑이 수동적으로 이루어지기보다 오히려 주도적인 입장에서 진행되었던 면도 간과할 수 없다. 잘 알다시피 기생 황진이의 경우 세상의 천박한 무리 같으면 천금을 준다 해도 돌아보지 않고 진실한 남자에게 먼저 다가가 사랑을 고백했을 만큼 자아가 강한 인물이었다. 기생 이매창 역시 함부로 달려드는 뭇 남성들을 냉정하게 물리치면서 기꺼이 스스로 사랑을 선택하는 고도의 자존심을 보여주었다. 그러나 가슴 깊이 새겨진 상처나 모욕을 딛고 당차게 사랑을 취했을 그녀들도 사랑을 지키기는 어려워 눈물짓지 않을 수 없었다.

기생문인들은 일반 여성들보다 노골적으로 남녀간의 사랑에 관심을 두고 문학적 주제로 삼았다고는 하나 애정의 진정성 여부에 더 비중을 두었다. 기생으로서 성과 사랑의 즐거움을 노래하는 작품을 많이 남겼을 법도 하지만 오히려 사랑에 대한 슬픔이 더 많은 것도 이 때문이다.

고려 말의 강릉기생 홍장은 기생으로서 한계에 부딪칠 수밖에 없는 애정을 드러냈다. 홍장은 "한송정 달 밝은 밤에 경포대의 물결 잔 제 / 유신한 백구는 오락가락 하건마는 / 어떻다 우리의 왕손은 가고 아니 오는가"라고 임에 대한 애틋한 그리움을 읊었다. 사모하던 관리이자 풍류객이었던 박신(1362~1444)이 떠나간 후 다시 돌아오지 않자 애절하게 원망하는 기생의 심리가 적절히 표출되었다. 물론 박신도 홍장을 그리워하는 마음에 소리 없이 눈물을 흘렸을 것이다. 기생들은 남자들과 참된 사랑을 나누기 어려움을 예상하면서도 계속 사랑을 좇음으로써 자신의 허약함을 확인해야 했다.

어쩌다 사랑을 하게 된 것을 후회하는 데서 슬픔은 더 커 보인다. 기생들 사이에서 애창되던 시조가 있다. "친하지 않았던들 이별이 있을쏜가. 이별이 없으면 그리움도 없어 / 그리우나 만날 수 없는 그리움은 애초에 정을 두지 않아 그리움 없는 것만 같지 못해 / 어쩌다 청춘이 이 일로 해서 백발이 되느냐."(『조선해어화사』) 기생들은 이처럼 이별의 아픔과 그리움의 고통을 노래하였다. 사랑하던 사람과 헤어져 쓸쓸함에 시달려야 했던 그녀들의 불만스런 현실을 잘 이해할 수 있다.

조선 후기 관찰사 이광덕(1690~1748)의 애희라는 평양기생 계월은 이별을 남의 일인 양 크게 마음에 두지 않다가 자신이 이별에 직면해서야 그 처참함을 뼈저리게 느끼게 되었다. 계월은 "눈물 흘리는 눈이 서로 마주칠 때 / 애를 끊는 사람이 애끊는 사람을 마주하네 / 일찍이 항간에서 예사로이 보았는데 / 오늘 나에게 일어날 줄 어찌 알았으리오(流淚眼看流淚眼 斷腸人對斷腸人 曾從卷裏尋常見 今日那知到妾身)"(「奉別巡相李公」)라고 토로했다. 이광덕에게는 그를 죽도록 사랑했던 함흥기생 가련도 있었음을 감안하면 계월의 고충과 분노는 더욱 증폭된다.

가객인 김수장(1690~1766)과 교유했다는 18세기 기생 다복은 "북두성 기울어지고 경오점(更五點) 잦아간다 / 십주가기(十洲佳期)는 허랑타 하리로다 / 두어라 번우(煩友)한 임이니 탓하여 무엇하리오"라 했다. 밤은 깊어만 가는데 임이 쏟아놓은 언약은 거짓일 뿐이다. 본래 사귀는 여자가 많은 임이니 따져서 무엇 하겠는가라는 아픈 심정을 실토했다. 꼭 다복의 처지가 아니더라도 관계없을 듯하다. 한번 정을 준 어느 양반을 잊지 못하는 기생의 애처로움과 자조적 비난이 잘 드러난다.

강화기생 송이는 진사시에 급제하고 강화에 다시 나타난 박준한과 만나 회포를 풀고 닭에게 '오늘만큼은 울지 말아달라'고 간곡히 부탁하는 시를 읊었다. 동침의 열기를 오래도록 연장하고 싶은 진솔한 바람을 담고 있다. 제나라 맹상군(?~ BC 279)이 닭 울음소리로써 밤중에 무사히 진나라에서 도망칠 수 있었던 고사를 인용하면서까지 사랑의 기쁨이 한순간으로 끝나지 않기를 바라는 데서 애달픔이 묻어난다. 하룻밤을 함께하고 박준한은 떠났으며 그가 떠난 뒤로 수절하면서 그가 약속대로 돌아오기를 기다렸다. 물론 아무 소식도 없었다. 순수함이 결여된 현실의 애정을 송이는

'잡사랑'으로 규정하며 사랑의 진정성을 확보하기 위해 안간힘을 쏟기도 했다.

18세기 중엽에 처음으로 불렸을 판소리 〈춘향가〉 중 "쑥대머리 귀신형용 적막옥방 찬자리에 생각난것 임뿐이라 보고지고 보고지고 보고지고 한양낭군 보고지고……"는 옥중에 있는 기생 춘향이가 임을 그리워하며 부른 〈옥중가〉 가운데 하나인 〈쑥대머리〉이다. 이 〈쑥대머리〉야말로 춘향이가 자신의 신세를 한탄하면서 임에 대한 사랑을 애절하게 촉구하는 대목으로 너무나 잘 알려져 있다. 한양에 가서 돌아오지 않는 이 도령에게 보낸 편지에서는 춘향이가 '정은 억제할 수 없고 슬픔은 금할 수 없다'면서 임에 대한 원망을 격정적으로 토로하였다.

18세기 중후반에 활동한 기생 입리월은 "사립문에 말을 매고 임과 분수(작별)할 때 / 옥안 주루가 눌로 하야 흘렀는가 / 아마도 못 잊을손 님이신가 하노라"라고 했다. 과거에 붙잡혀 슬픔만을 삭이고 있는 모습이 선하다. 임과 헤어진 후 현실을 받아들이지 못하는 가운데 이별의 원인을 캐며 서글퍼하고 있다. 사랑이 사라진 현실 앞엔 보이지 않는 방황과 절망만이 흐를 뿐이다.

18세기 후반 맹산기생 송대춘은 "님이 가신 후에 소식이 돈절하니 / 창 밖의 앵도화가 몇 번이나 피었는고 / 밤마다 등하에 홀로 앉아 눈물겨워 하노라"라고 노래했다. 대개 기생들은 임을 만나 뜨겁게 사랑을 하다가 때가 되면 헤어지는 아픔을 겪어야 했다. 사랑을 맹세하던 임으로부터 소식이 끊긴 채 송대춘은 밤마다 눈물만 떨구며 지냈다. 임의 배신에 깊은 상처만을 끌어안고 탄식하는 그녀의 모습이 안스럽기 그지없다. 중장의 '앵두'가 갖는 지속적 가치의 표현은 종장과 같이 눈물에 젖은 여린 인간상을 부각시킨다.

자유세계인 '창밖'과 현실세계인 '등하' 같은 공간적 대치는 비슷한 시기 같은 고향에서 활동했던 평안도 맹산기생인 강강월의 "잔등 돋워 켜고 전전불매 하는 차에 / 창 밖의 굵은 비 소리에 더욱 망연하여라"라고 하는 심리적 갈등의 묘사에서도 역력히 드러난다. 비가 쏟아지는 창밖의 어두운 밤과 방안에서 등잔불을 밝히고 있는 강강월의 애처로운 심사의 대비가 매우 효과적이다.

성천기생 연단은 사랑하는 낭군과 이별하면서 "그대는 나를 보내며 눈물짓고 / 나도 눈물 머금고 돌아서네 / 양대에 비가 내리기를 바라며 / 다시 임의 옷소매에 눈물 뿌리네(君垂送妾 淚妾亦含淚歸 願作陽臺雨 更灑郎君衣)"(「別郎」)라고 시를 지어 애절한 마음을 숨김없이 드러냈다. 이처럼 기생들은 헤어지며 눈물을 흘렸고 그리움에 마음 아파하였다.

조선말기 고종 때의 가객 안민영(1816~?)이 사랑했던 담양기생 능운은 임을 기다리면서 "임이여 달 뜨면 오신다더니 / 달이 떠도 임은 아니 오시네 / 아마도 임이 계신 그곳은 / 산이 높아 달도 늦게 뜨는지(郎云月出來 月出郎不來 想應君在處 山高月上遲)"(「待月」)라고 무척 안타까워하고 있다. 기다리다 지친 듯한 처지와 원망의 어조는 임에 대한 불신의 깊이를 반증하기에 충분하다.

기생을 좋아했던 많은 임들은 잠시 머물렀다가는 자신의 출세를 위해서 혹은 안정된 가정을 찾아서 돌아가야 하는 남자들이었다. 그러므로 정을 주던 기생들은 늘 공허한 그리움과 기다림의 세월을 살아야 했다. 19세기 후반에 활동했던 진주기생 옥선이는 "뉘라서 정 좋다 하던고 이별에도 인정인가 / 평생의 처음이요 다시 못 볼 임이로다 / 아마도 정 주고 병 얻기는 나뿐 아닌가"라고 읊었다. 옥선이는 '이별의 정도 정인가'라는 설의적 표현을 써가며 사랑이 병이 되는 아픔을 감내하고 있다. 첫사랑의 임이 떠난 허탈감은 고통을 넘어서 자학에 이르는 절망을 보여주었다.

19세기 말 충청도 공주의 아전들이 벌인 기생놀음에서 지은 가사와 시조들이 실려 있는『염요(艶謠)』라는 책이 있다. 이 가운데 공주기생 형산옥의 가사작품 마지막은 "속절없다 이별이야 남은 간장 다 녹는다 / 언제나 우리 낭군 다시 만나 이생 인연 이어볼까"이다. 이별의 정황이 잘 드러나고 슬픔이 극에 달하고 있다. 불안한 신분의 기생들의 사랑에서는 이렇듯 울적함과 처절함이 짙게 묻어난다.

사대부의 작품에서 흔히 볼 수 있는 정치현실과 밀착된 이념적 의미는 기생의 작품에서는 찾아보기 힘들다. 그녀들의 작품에서는 무엇보다 근원적 인간으로서 갖게 되는 사랑의 의미와 가치, 그리고 그에 반한 이별의 아픔과 고통의 문제를 여실히 간파할 수 있다. 이는 기생으로서 양반, 지주, 관료집단의 남성들을 신분과 제도에서 배척할망정 본능과 욕구로까지 견제할 수는 없었던 데

기인한다.

기생과 사대부들 사이에는 성적 계급적 차별이 엄연히 존재했다. 상호 간에 사랑을 하더라도 온전히 진실과 믿음이 통하기는 어려웠다. 당연히 남자들은 기생을 잠자리의 상대로 생각하며 성적 욕망을 채우고자 애썼다. 온갖 감언이설로 유인하지만 불순한 의도를 숨기기는 쉽지 않았다. 기생들도 남성들과 마찬가지로 마음 없이 몸으로만 사귀는 경우가 허다했다. 그러나 많은 기생들은 순수한 사랑을 갈망하고 실천하고자 노력했다. 그렇지만 사회는 아직 그러한 진정성을 받아들일 만큼 성숙하지 못했다. 결국 기생들의 신분적 자괴감과 남성에 대한 불신은 관계 형성에 장애가 되었다. 그런 탓에 앞에서 말했듯이 사랑의 희열이나 성적 쾌락 등을 읊은 작품은 거의 없고 대부분 슬픔을 자아내고 있다. 그리고 성적 유희를 다룬 작품들조차 외설성을 드러내지 않는 데서 기생들의 정신적 사랑을 엿볼 수 있다.

기생은 자유로이 사회 활동할 수 있는 직업을 가져 남자들과 접촉이 불가피했고 그에 따른 순진한 사랑은 슬픔으로 이어졌으며, 한편 처음부터 믿고 의지하며 정절까지 바치고자 했던 남자들마저도 약속을 지키지 않고 떠나버림으로써 또 슬퍼하지 않을 수 없었다.

10
기생은 충효를 다했다

───

    기생은 자신들이 당한 모욕과 울분 때문에 세상에 대한 원망만 가득할 것 같고, 또 살면서 받은 천대와 멸시로 인해 물질적 욕심을 과도하게 부릴 것 같으나, 그렇지만은 않았다는 점에서 기생에 대한 새로운 시각을 가질 수 있다. 무엇보다 기생들은 늙으면 육체도 병들어 생계마저 곤란해지므로 노후를 위해 악착같이 돈을 모아야 하는데 그렇지 못한 편이었다. 이는 역사적으로 우리 사회를 지배해온 유교적 분위기 때문이었다. 특히 성리학적 이념이 떠받치던 조선사회에서는 기생들이 부를 축적하는 것에 대해서도 부정적인 편이었다. 낙동강 지역 일선 고을의 한 기생이 돈을 많이 받고 소금장수를 남편으로 맞았더니 다른 기생들이 욕을 하고 비웃었다고 하는 것도 이와 무관하지 않다.

    16세기 성주 출신 기생 성산월이 말년에 장흥의 돈 많은 창고지기의 첩이 된 것을 두고 유몽인(1559~1623)이 비난한 것이나 제주기생 김만덕이 지독하게 재산을 모은 사실에 대해 심노숭 (1762~1837)이 비판한 것 등도 그 근거가 될 수 있다. 중국을 대표하는 역사학자 사마천(BC 145?~BC 86?)이 학자들이 학문을 연구하는 것조차 부를 얻기 위한 것이라 하면서 기생들이 술과 웃음을 파는 것이 오로지 부를 위한 것이라고(『사기열전』) 주장했던 것과는 사뭇 차이를 보인다.

앞 장에서도 살폈듯이 많은 기생들은 인간으로서 정신적 순결을 중시하고 여성으로서 일부종사의 정절을 지키다 보니 너무나 비통하고도 극단적인 결과까지 낳았다. 기생들은 유교사상에 기초하여 '열'에 이어 '충'과 '효'에도 마음과 몸을 다하였다. 국가적 충의에 연관된 기생은 우리 역사에 이루 헤아릴 수 없이 많다. 중종반정 이후 사회적 정의와 기개를 둘러싼 기생들의 정치화 현상은 두드러진다. 무엇보다 국난 극복 과정에서 기생들이 보여준 투신과 자결 등의 적극적 저항과 희생은 기생에 대한 편견을 불식시키는 역사적 미담으로 전해진다.

임진왜란 때 왜장과 함께 남강에 몸을 던진 진주기생 논개 (1574~1593)의 경우 한국 근세사에서 사당까지 지어가며 한 여성을 국가 차원에서 제사지낸 것은 처음이라는 평까지 듣고 있다. 서당의 훈장을 지내던 아버지가 죽고 집이 가난하다는 이유로 포악한 숙부가 논개를 남의 집에다 팔려고 하자 불쌍히 여긴 장수현감 최경회(1532~1593)가 구출하여 나중에 첩으로 맞아들였다. 그후 최경회는 임진왜란이 일어나 진주성 전투에 최선을 다해 싸웠으나 전사자가 속출하고 구원병이 끊겼으며 무기마저 다 떨어지자 북향재배하고 순절하였다. 19세의 논개는 끓어오르는 분노를 참고 기회를 엿보다 일본군의 승전축하연에서 기생으로 위장하고 적장 게야무라 로쿠스케(毛谷村六助)를 유인하여 허리를 껴안은 채 강물에 투신했던 것이다.

남쪽의 논개와 함께 북쪽의 계월향은 '임진왜란 2대 의기'로 꼽히기도 한다. 평양기생 계월향(?~1592)은 평안도 병마절도사 김응서(1564~1624)의 애첩으로 그를 도와 왜장 고니시 유키나가(小西行長)의 부장(副將)을 살해하고 자신은 스스로 목숨을 끊음으로써 평양성을 탈환할 수 있었다. 다시 말해 계월향은 임진왜란 때 일본인 고니시 히다노카미(小西飛弾守) 장군에게 접근하여 환심을 산 뒤 오빠로 변장한 김응서로 하여금 그의 머리를 베게 하였다. 성을 빠져나오다가 일본군에게 발각되자 김응서를 군영으로 도망가게 한 뒤 자신의 목숨을 대신 내놓음으로써 통솔하던 장군을 잃은 일본군은 평양성에서 물러나고 말았다. 김응서는 경상도 병마절도사로 승진하였다.

『어우야담』에서 논개를 언급하며 그녀는 한낱 기생의 신분이므로 족히 정절을 가지고 말할 것이 못 되지만 죽음 보기를 마치 제 집으로 돌아가는 것같이 하여 왜적에게 욕되지 않았으니 갸륵한 일이라고 했음은 매우 정당한 평이다. 국난에는 남녀가 따로 없이 위기를 극복하기 위해 노력했고, 제도적으로 정절이 요구되지 않는 기생이지만 그녀들은 죽기를 각오하고 열과 충을 다하려 했다. 사실 임진왜란 때 기생으로서 일본군에게 욕을 당하지 않고 죽은 자는 헤아릴 수 없이 많다.

「숙종실록」에 따르면 성천기생 금옥은 청나라가 침략해온 병자년(1636)에 난리를 피하여 골짜기에 깊숙이 숨었다가 적병에게 잡히자 몸을 날려 낭떠러지에 떨어져 죽으니 사람들이 모두 탄식하며 불쌍하게 여겼다. 이런 사연을 전해들은 관찰사는 도내 백성들의 뜻을 모아 기생 금옥의 정의로운 행동을 임금에게 보고했고, 숙종은 1681년 적군의 혹독한 핍박에도 굴복하지 않고 자결을 선택한 기생 금옥에게 붉은 정려문을 세워 큰 뜻을 기리도록 했다.

18세기 많은 기생들에게 시를 지어주었던 선비 신광수(1712~1775)가 의주를 여행할 때 지었다는 시 일부를 보면 "수놓은 옷을 입고 징 치고 노래 부르는 화살 멘 기생들 / 준마를 타고 채찍질하며 성으로 들어온다(繡服饒歌弓箭妓 皆騎撻馬入州城)"고 했다. 사냥 후 화살통을 메고 입성하는 기생들의 의젓함이 선하게 다가온다. 기생들은 사냥만 잘했을 뿐 아니라 군사훈련에도 참여했다. 14세에 남장을 하고 금강산을 유람했다는 여류시인 김금원(1817~1851?)은 의주부윤에 임명된 남편을 따라 의주에 갔다가 기생들이 군복을 입고 사열하는 모습에 감동하여 "뿔피리가 울리자 일제히 말에 올라타고 군령을 기다리는 모습이 장관이었다."고 술회한 바 있다. 기생들은 평소에 무예를 연마하며 외적이 침입하면 싸우기도 했던 것이다.

헌종 12년(1846) 불과 15세밖에 되지 않은 기생 초월은 임금에게 시정의 폐단을 직언하는 결기를 보인 것으로 유명하다. 용천에서 기생으로 있다가 재주와 인물이 뛰어나 평양으로 뽑혀 올라온 초월은 중국에 사신으로 갔다가 돌아가는 길에 평양에 들른 서장관 심희순(1819~?)을 만났다. 심희순의 첩이 된 초월은 당돌하게 어린 나이에 장문의 상소를 올려 임금에게 주색에 빠지지 말고 정치에 전념할 것을 권고했던 것이다.

일제시대 고급요정이던 명월관 소속의 진주기생 산홍은 재색이 뛰어났다. 산홍은 을사오적이었던 내부대신 이지용(1870~1928)이 소실로 삼고자 거금으로 유혹하자, "기생에게 줄 돈이 있으면 나라 위해 피 흘리는 젊은이에게 주라."며 단호히 거절한 의기이다. 그러면서도 정작 산홍은 논개의 의로움은 길이 남음이 있으나 본인은 한 일이 없어 부끄럽다는 뜻의 시를 남겼다. "천추에 길이 남을 진양의 의로움이여 / 두 사당(충렬사, 의기사)에 또 높은 누대가 있구나 / 일 없는 세상에 태어난 것 부끄러워 / 피리 소리 북 장단에 한가로이 노니누나(千秋粉晋義 雙廟又高樓 羞生無事日 茄鼓汗漫遊)." 이는 진양(진주의 옛 지명)의 의기사 사당 안에 걸려 있는 판상시이다. 비록 천한 신분이었지만 일제강점기 권력의 중심을 향해 투쟁했던 논개, 산홍, 애향 등을 보면 진주의 기생이 유명하다는 것이 근거 없는 말이 아님을 실감케 된다.

1919년 서울에서 3·1운동이 시작되고 독립운동이 전국 각지로 파급되자, 진주·수원·해주·통영 등지의 기생들이 독자적으로 만세시위를 통한 항일 투쟁을 전개하였다. 진주의 논개와

산홍에 이은 애국활동은 3 · 1 독립만세운동 사상 최초의 '진주기생독립단'이 형성되는 결과를 낳았다. 3월 19일 진주에서는 기생독립단이 태극기를 앞세우고 촉석루를 향해 행진하며 독립만세를 외쳤다. 이때 일본 경찰이 기생 여섯 명을 붙잡아 구금하였는데 무엇보다 기생 한금화(1899~?)가 독립만세를 외치다 감옥에 갇혀서도 혈서로써 애국정신을 표현했다. 『한국독립운동사』에서는 "봉천 동인여관에 머무르는 기생 한금화는 방년 22세인데 그 몸은 일찍이 잘못하여 화류계에 뛰어들었으나 조국사상은 누구나 흠모할 만하도다. 금번 국가 광복을 위하야 손가락을 깨물어 흰 명주 자락에 피로 글을 쓰기를 '기쁘다 삼천리강산에 무궁화 다시 피누나'라고 하였다."고 적고 있다.

3월 29일에는 수원기생조합 소속의 기생들이 정기검진을 받기 위해 자혜병원으로 가던 중 경찰서 앞에 이르러 독립만세를 불렀다. 이때 23세의 김향화(1897~?)가 선두에 서서 '대한독립만세'를 외치자 뒤따르던 여러 기생들이 일제히 만세를 따라 불렀다. 수원기생들은 병원에서 돌아오는 길에도 경찰서 앞에서 다시 만세를 불렀다. 이 항일만세시위 사건의 주모자 김향화는 일본 경찰에 붙잡혀 6개월의 옥고를 치러야 했다.

4월 1일에는 황해도 해주에서 기생 모두가 손가락을 깨물어 흐르는 피로 그린 태극기를 들고 독립만세 운동을 전개했는데, 이에 자극을 받고 용기를 얻은 민중이 참여함으로써 만세시위 군중은 3천 명으로 불어났다. 당시 해주기생 중에는 서화에 뛰어난 기생조합장 문월선을 비롯해 학식 있는 여성들이 많았다. 이날 문월선 · 김해중월 · 이벽도 · 김월희 · 문향희 · 화용 · 금희 · 채주 등 8인이 구금되어 고통을 겪었다.

4월 2일에는 경상남도 통영에서 정홍도 · 이국희를 비롯한 예기(藝妓)조합 기생 33명이 금비녀 · 금반지 등을 팔아 광목 네 필 반을 구입해 만든 소복으로 갈아입고, 수건으로 허리를 둘러맨 뒤 태극기를 들고 만세시위운동을 전개하였다. 이때 세 명이 붙잡혀 6개월 내지 1년 동안 투옥되는 고난을 당해야 했다.

한편 유명한 요리집 식도원에서 친일파 박춘금이 인촌 김성수(1891~1955)에게 권총을 꺼내 들자 이연행을 비롯한 기생들이 인촌을 둘러싸면서 막아서는 사건이 있었다. 또한 일제 시대 기생 춘외춘은 남산에 있던 통감부에 끌려가 경무총감으로부터 애국지사에 대한 정보 제공의 대가로 받은 돈뭉치를 뿌린 것으로 유명하다. 그 밖에도 일제침략기에는 애국충정과 관련된 기생들의 일화가 많다. 국채보상운동에 앞장섰던 대구기생 앵무(1889~1946)도 의기로 이름을 떨쳤는데, 18세 된 기생 앵무는 1907년 국채보상운동에 집 한 채 값의 거금을 쾌척하였다.

춤과 가야금에 대적할 이가 없었던 달성기생 현계옥(1897~?)은 진주기생 논개의 사당과 평양기생 계월향의 사당이 낡았음을 듣고 비녀와 가락지를 팔아서 중수했다가 여러 번 잡혀가 고문을 당했다. 그녀는 계속되는 일제의 감시 속에서도 동지들과 함께 극단을 조직하여 평양으로 갔다가 압록강을 건너서 상해 임시정부를 찾아갔다(『조선해어화사』). 그녀는 연극을 해서 번 돈을 남김없이 군자금으로 희사했으며 화장도구를 팔아 치우고 비단옷을 벗어버린 뒤 몸소 부엌일을 맡아 하며 독립운동에 매진하였다. 2016년에 개봉된 영화 〈밀정〉(김지운 감독)은 3 · 1운동 직후 1920년대 독립운동을 하던 의열단의 이야기를 그려냈는데 여기에 등장하는 연계순(한지민 분)이 바로 기생 현계옥을 모티브로 한 것이다.

같은 시기 활동한 금사는 「장충단유감」이라는 한시를 지었는데 1910년 한일합병에 이어 장춘단의 폐사를 당하여 비분강개하면서 나라 잃은 운명을 탄식하였다. 평양기생 채금홍은 1926년 순종이 승하하자 장례 광경을 보러 상경했다가 백성들이 통곡하는 것을 보고 단순히 순종의 죽음만을 슬퍼하는 것이 아니라 대한제국이 망한 것을 슬퍼하는 것이라는 시조를 읊었다.

역사적으로 나라에 큰 위기가 닥쳤을 때 사회지도층에서는 솔선수범하는 행동을 보여줌으로서 일반인들에게도 귀감이 되었다. 그런데 기생들은 그러한 지도자적 책임도 도덕적 의무도 강요받지 않았음에도 불구하고 주체적으로 애국의지를 드러냈기에 더욱 존중받을 수 있다.

기생들은 남자가 돈이 없어도 풍류를 알고 인품이 훌륭하면 자발적으로 접근하여 재물도 주고 사랑도 했으며 특히 장래성 있는 젊은이에겐 순수하게 뒷바라지하였다. 그리하여 기생들의 사회봉사와 기부행위 등도 다른 계층에 비해 두드러졌다.

앞서 나온 제주기생 만덕은 욕을 먹어가며 지독하게 고생하여 모은 재산을 풀어 굶주리는 주민 수천 명의 목숨을 구했다. 만덕은 시세의 변동을 파악하고 물건을 매매하여 수십 년 동안 부자로 이름을 날렸다. 정조 19년(1795) 제주에 크게 흉년이 들어 백성들이 죽어가자 임금이 구제하려 노력했으나 뜻대로 되지 않았다. 만덕은 갖고 있는 큰돈으로 육지에서 곡식을 사들여 먹지 못해 얼굴이 누렇게 뜬 사람들에게 나누어주었다. 모두가 만덕의 은혜에 고마워했고 사실을 알게 된 임금은 기특하게 여기고 후하게 상을 내렸다. 가난한 사람들을 구제하는 데 앞장섰던 일제강점기 김진향, 양일지매, 오류색 등은 만덕의 후예라 하겠다.

19세기 평양기생이던 차앵은『녹파잡기』에 의하면 대대로 장악원의 명부에 올라 있는 집안 출신이라 침착하고 이치에 밝아 남을 귀찮게 하는 일이 없었다. 기방의 경박한 태도가 없고 규방의 정숙한 여인의 기상이 있었다. 그녀는 혼자 집에 있을 때는 남루한 옷을 입고 거친 음식을 먹었다. 자신의 일상생활은 소박하지만 굶주리고 헐벗은 사람을 보면 정성을 다해 베풀었다. 자기가 입은 옷을 벗어주고 자신이 먹을 밥을 주더라도 힘들어하는 기색이 거의 없었다.

1908년 7월 조선 관기들의 마지막 무대가 경성고아원을 위해 장안사에서 열었던 자선연주회였듯이 20세기 기생들의 사회적 활동은 눈부셨다. 1922년에 한남권번 기생들은 우미관에서 수재동포를 위한 위문공연을 하고 관객 1천여 명의 수익금을 기부하였다. 1923년 동래권번 소속의 기생들은 일제의 경제적 수탈에 항거하여 조선물산 장려와 소비 절약을 실천하고 금연하기로 결의하면서 〈물산장려가〉를 지어 부르기도 하였다. 1923년 진주기생 네 명이 진주일신고등보통학교 터를 다지는 일에 무상으로 노동하는 사람에게 점심밥을 제공하기 위해 각 기생들에게 의연금을 모집하였다. 1925년 한강이 범람하여 가옥 수천 채가 유실되었을 때 서울의 명월관 기생들이 나서서 구호작업을 벌였다.

1932년 명기 20여 명이 출연한 남선 기생 음악대회는 유치원의 재정난을 보조하기도 했다. 1933년 사회사업가로 알려진 전남 출생의 기생 장금향(1909~?)은 10년 동안 고생하여 모은 재산 중에서 현금 500원을 경성부 사회사업에 기부하고 또 500원을 전남도청에 기부한 바 있다. 또한 1935년 시인 백석(1912~1996)의 연인이었던 조선권번 출신 기생 김진향은 "살을 에는 듯한 삭풍은 불어오건만 찬 구들장에 조석도 간 곳 없는 불쌍한 그들을 위하여 적은 돈이나마 이것을 선처해주시오."라는 메시지와 함께 잠도 못 자며 고달프게 번 돈 60여 원을 경찰에 위탁하였다. 그녀는 성북동의 요정 대원각을 길상사로 바꾸어 사회에 환원했고 1997년 거금을 출연해 백석문학상을 제정하기도 했다. 이 밖에 대전권번의 기생 양일지매 등 1930년대만 하더라도 사회의 어려움에 처한 사람들을 도우려는 기생들이 많았다.

한편 기생들은 유교문화 속에서 몸에 밴 정절과 충성뿐만 아니라 기본적으로 부모에 대한 효성이 지극하였다. 조선 선조 때 활동했던 함경도 홍원기생 홍랑은 미모와 시재가 뛰어났을 뿐만 아니라 둘도 없는 효녀였다. 홍랑은 일찍 아버지를 여의고 홀어머니와 함께 살았는데 어머니가 깊은 병으로 자리에 눕게 되자 어느 날 80리 떨어진 곳에 명의가 있다는 말을 듣고 꼬박 사흘을 걸어 찾아갔다. 어린 소녀의 효성에 감탄한 의원은 나귀 등에 홍랑을 태우고 그녀 집에 도착했으나 이미 어머니는 숨져 있었다. 12세의 어린 홍랑은 석 달을 어머니 무덤 곁에서 떠나지 않고 눈물을 쏟으며 살았다. 의원은 홍랑의 갸륵한 효심을 보고 자기 집으로 데리고 가서 수양딸처럼 키웠다. 덕분에 홍랑은 꽃처럼 아름답게 잘 자랐으나 자신이 원하는 대로 집으로 돌아와 어머니의 무덤을 돌보며 살았다. "효자 효녀가 나면 집안이 망한다."는 속담이 있다. 예전에는 오랫동안 상례를 치렀는데 효자 효녀는 예법을 철저히 지키느라 일을 못한 데서 생긴 말이다. 홍랑은 타인에게 신세를 지지 않는 삶의 길을 찾다가 경성 관아의 기적에 이름을 올리고 기생으로 살아가게 되었다.

조선 선조 때 시로 유명했던 진주기생 승이교와 중종 때 활동했던 한양기생 관홍장도 효성이 지극했으며, 숙종 때 함경도 관찰사의 아들인 황규하와 사랑에 빠졌던 함흥기생 만향도 부모를 극진히 봉양하여 효부로서 이름을 날렸다. 『녹파잡기』에 따르면 19세기 평양기생 패옥은 마음에 쌓아놓은 바가 우뚝하여 기생 따위를 달갑게 여기지 않았다. 그런데 그녀의 수양어머니가 탐욕스럽고 모질어서 하루도 그녀를 야단치지 않은 날이 없었다. 자기 생각을 굽히고 어머니의 뜻을 받들었지만 끝내 쫓겨나게 되었다. 그러나 그녀는 어머니를 향한 다른 사람들의 비난에 대해서 어머니를 변호하며 원망하는 빛을 보이지 않았다.

근대에도 집안의 어려움을 생각하고 부모님에게 효성을 다했던 기생이 많다. 그 가운데『매일신보』(1914)에 따르면 해주 출신 옥향은 강보에 싸였을 때 부친을 잃고 재주를 팔아 모친을 공양함이 심청의 효도를 방불케 했으며, 평양명기 설도 또한 60여 세 노부모를 효성으로 봉양하며 부모가 아플 때는 몸에 의대도 끄르지 아니하고 잠시도 병석을 떠나지 않고 치료를 했다. 같은 해(1914) 나온『매일신보』에서도 대구기생 박리화는 서울에 올라온 이후 한 푼 두 푼 모아 시골집으로 보내며 항상 늙은 부모를 생각하면서 "나는 언제나 이 노릇을 그만두고 편안히 부모를 모실는지."라고 효심을 강렬하게 드러냈다. 공자가『논어』이인편에서 "부모가 계시거늘 멀리 놀지 아니한다."고 했던 효행의 실천이었다.

『조선중앙일보』(1935)에 따르면 조선권번 박민자는 동덕여자 고등보통학교 2학년까지 마치고 생활이 어려워 자퇴한 다음 늙은 부모를 지극정성으로 섬겨오던 중 가정이 더욱 궁핍해져 마침내 1935년 4월 초순에 세상이 비웃는 화류계에 몸을 던졌다. 그렇게 부모를 봉양하여왔지만 그녀의 아버지는 술만 마시면 주사가 심하여 딸의 마음을 항상 괴롭혔고 이를 비관하던 박민자는 아예 죽음을 선택하려던 사건이 발생했다. 그녀의 머리맡에는 유서 한 통이 있었는데 내용을 들어보면 애틋하기 그지없다. "나는 모든 희망이나 청춘을 희생해가며 부모를 위하건만 아버님은 그 마음을 왜 모르시는지요."

"굽은 나무가 선산을 지킨다."는 속담이 있듯이 부모에게 헌신적으로 효도를 다하려 했던 기생은 헤아릴 수 없이 많다.

에필로그

  기생이라고 하면 우리는 성적 호기심을 충족시키기 위한 대상으로서 지금의 호스티스나 매춘녀쯤을 떠올릴 것이다. 즉 기생을 남자들의 술좌석 시중을 들고 잠자리나 같이하는 여성으로 인식하기 십상이다. 물론 기생은 사대부들의 유흥을 위한 수단에 이용되기도 했고 사적으로 남성들과의 만남을 통해 생계를 해결하고 성적 유희를 즐겼다고 할 수 있다.

  그러나 그것은 부차적인 일이다. 기생은 원천적으로 의례와 연회를 위한 국가적 필요성 때문에 만들어졌고, 따라서 그녀들은 여악을 기본으로 궁궐과 관청에서 요구하는 공적 역할을 수행하면서 공인으로서의 인생을 살아야 했다.

  다만 국가적 수요와 남성의 요구에 따르는 기생들의 태도나 방식은 개인에 따라 차이가 있어도 봉건적 차별 사회에서 비천한 처지로 살 수밖에 없었던 것은 기생으로서의 공통된 운명이었다.

그리하여 많은 기생들은 자신에게 씌워진 신분과 직업을 타고난 불행으로 여기고 암울한 삶을 살았다. 상당수의 기생은 신분상 모욕과 수치를 참아내며 일찍부터 사랑의 배신과 경제적 빈곤을 경험해야 했다. 더구나 나이 들수록 남자들에게 버림받고 수입도 줄어 생계조차 막막하기 일쑤였다. 기생들이 악착같이 돈을 모으고자 하는 것도 노후에 덜 초라해지기 위한 가녀린 노력이었다.

그러나 불운은 긍정적인 방향으로 나아갈 수 있는 동력도 되기에 기생들 가운데는 자유로운 생활 속에서 공인이나 직업인으로서의 포부와 의지를 펼칠 수도 있었다. 놀랍게도 운명과 환경을 탓하며 무기력하고 안이하게 살아가기에는 원대한 뜻과 다양한 재주를 지닌 기생들이 많았다. 무엇보다 기생은 국가의 부름에 따른 연예 활동이나 유교정신에 입각한 충효열의 실천 등에 소명과 긍지를 갖고 적극적으로 대응하였다. 그 결과 당시나 후대에 주위 사람들로부터 칭송을 받을 수도 있었고 스스로 사회적 자아로서의 자존심도 키워갈 수 있었다.

이제 기생에 대해 올바른 평가를 해야 할 때다. 대개 기생들은 부모를 잘못 만나 불우한 길을 가야만 했던 가난하고 힘이 없는 여성들이다. 그러다 보니 현실적 생계를 위해 세속적인 삶에 빠지기 쉬웠다. 그러므로 기생들의 타락한 생활에는 기생 개인보다는 환경이나 사회제도에 책임이 크다고 할 수 있다. 더구나 일제강점기를 거치면서 종래 지니고 있던 예기로서의 자존심은 크게 훼손될 수밖에 없이 창녀와 동일시되곤 했다.

그럼에도 불구하고 많은 기생들은 성별 또는 신분별 제약을 초월하여 나름대로 인간적 자존감과 사회적 신뢰를 잃지 않으려 했다. '우리도 인간'이라는 자각과 함께 학습을 통해 타고난 재능을 연마했고, '덕이 있으면 외롭지 않다'는 지성으로 고되고 외로운 삶을 버티고 살아갈 수 있었다. 많은 기생들은 태생적 한계를 극복하면서 자아를 확립하고 사회적 책무를 다하려 애썼다. 우리로 하여금 기꺼이 기생들을 주체적 존재로 인정하게 하는 근거도 여기에 있다.

결과적으로 기생들은 본능과 욕망의 덫에 걸리기도 하고 생존의 틈바구니에서 무력하게 순종하며 살아가는가 하면 이성과 지혜의 발동과 함께 완강한 힘에 굴복하지 않고 자립하고 성취하는 모습을 나타냈다. 즉 기생들은 역사 속에서 안주와 저항의 상호 충돌하는 양상을 보여주었다.

이에 기생이 남긴 자취에 대해 엄밀히 공과 과를 논하고, 사랑이나 일(업적) 등의 한 영역만이 아닌 전 분야를 다루며, 유명한 기생 일부가 아닌 기생 전체를 대상으로 이야기해야 할 당위성이 있다.

기생의 발생 기원은 사제에서 전락한 무녀, 삼국시대 피정복자였던 유녀, 화랑의 전신이었던 원화, 고려시대 버드나무 그릇을 만들어 팔러 다니던 양수척에서 찾는 등 여러 가지 견해가 있으나 기생의 기원이 하층민에 뿌리를 두고 있음은 분명하다.

기생의 형성을 말하자면 원칙적으로 기생은 세습된다고 할수 있다. 그러나 반역을 꾀한 역적의 처자에서부터 부모를 잃거나 가난한 경우에 이르기까지 불가피한 상황에서 다양한 이유로 기생이 되었다. 주목할 만한 것은 기생이 좋아서 스스로 선택했다는 사실이다. 다만 그러한 기생들조차 신분적 제약에 갇혀 천하게 살아야 했으므로 끊임없이 양민으로의 전환을 시도했다. 속신을 위해서는 권력이나 재물이 있으면 가능했고 특히 고관대작의 첩으로 들어가는 경우 속신이 수월한 편이었다.

국가에서 여악이 정도가 아니며 예법에 어긋남을 알면서도 새로운 대안을 찾지 못했던 것은 여악 설치의 목적이 분명했기 때문이다. 원래 기생을 둔 목적은 국가적 연예에 해당하는 가무 중심의 여악에 있었다. 기생들은 기본적으로 여악이라는 기예를 익혀 궁중에서의 각종 의식과 잔치, 그리고 지방관아에서의 사신 접대나 변방 군인들의 위무 등에 동원되어 자신들의 공적인 의무를 다했다. 그러다 보니 의약이나 침선의 기술로 국가에 봉사하던 의녀나 침선비도 여악에 참여하게 되었다.

기생의 역사는 장구하고도 굴곡이 많았다. 풍속을 해친다는 폐단 때문에 기생을 제도적으로 없애려고 끊임없이 노력했으나 허사로 돌아갈 만큼 기생의 존재의의는 쉽게 사라지지가 않았다. 더구나 근대화 이후 기생은 식민지적 현실을 반영하는 나약하고 타락한 존재로 인식될 수 있었으며 점점 관기와 창녀를 거의 식별할 수 없게 되었던 점은 아쉬움으로 남으나 모든 어려움을 무릅쓰고 많은 기생들은 문화예술 창조를 중심으로 한 본연의 역할을 통해 사회에 크게 공헌하였다.

기생은 12~13세 정도 되면 기적에 이름이 오르고 그때부터 정식 기생이 되기 위한 수업을 받게 되는데 교육은 매우 전문적이고 엄격하였다. 장악원과 교방에서 악가무를 철저히 배우고 시서화 및 교양과 예절을 학습했는데, 기생들은 회초리를 맞아가며 힘든 교육과정을 이겨내야 했다. 특히 평양기생학교의 운영은 체계적이었으며 학생들은 3년 동안 매주 월요일에서 토요일까지 수업을 받아야 했다. 고도의 지식과 기술을 갖춰야 하는 조선의 의녀 교육은 각별하였다. 성종 때 이르러 의녀는 초학의, 간병의, 내의녀로의 단계별로 승급이 이루어졌다.

여러 사람들에게 즐거움을 주어야 하는 기생들의 몸치레와 노는 방법은 일반 여성들과 달랐다. 기생에게는 특별히 복색, 언어, 행동이 요구되었다. 다시 말해 기생들에게는 아름다운 복색, 해학적인 언어, 관능적인 행동이 강조되었다. 얼굴과 복식 등 우아한 자태는 기생으로서의 기본적 조건이었고, 우스갯소리와 시적인 풍류는 좌중을 해학적 분위기로 이끌었으며, 기생의 행동이 보여주는 사랑놀음(성문화)은 관능적이면서도 목가적이어야 했다. 기방의 법도를 유지하는 데는 기생서방의 구실이 컸다.

기생은 대중문화예술을 선도했다. 기생 교육의 목표가 '예도' 구현에 있었던 바와 같이 기생들은 치열한 훈련을 통해 예능 방면에 역사적인 성과를 이뤄왔다. 특히 기생들은 근대 이후 극장은 물론 방송국이나 레코드사 설립 등에 따른 공연방식의 변화와 함께 연극영화 및 가요를 비롯한 대중문화예술을 이끌어가는 선구자적 행동을 보였다. 더구나 일제강점기 일본의 문화적 침투로 우리의 문화가 생기를 잃고 방황할 때, 기생들은 민족의 혼을 일깨우는 데 큰 몫을 했다.

기생들은 정신적 순결을 중시했다. 미천한 신분일지라도 그녀들은 자유로운 감성에만 몰입하지 않고 세속에 만연한 불륜을 포함하는 부도덕적 인간상에 대해 문제를 제기했다. 공적 존재인 기생을 사유화하려는 남자들의 성적 욕구에 맞서 기생들 스스로 마음은 물론 몸까지 지켜내고자 했던 성윤리 의식은 소중한 가치로 인정해야 할 것이다. 기생문인들도 인간의 보편적 가치인 정절, 즉 정신적 순결을 강조하면서 인격적 주체로서의 삶을 존귀하게 여기고 있었다.

기생의 사랑은 슬펐다. 많은 기생들은 직업적 현실에 따라 사랑과 관련된 농밀한 감성을 드러낼 수 있고 사대부들이 자신들을 허투루 상대하는 만큼 얼마든지 계략적으로 접근할 수도 있다. 그러나 그녀들은 사대부들과 교유하면서 가식과 위선에 매몰되지 않고 인간 본연의 순수성과 진실성을 잃지 않으려 안간힘을 썼다. 남녀 간의 애정에 깊이 관심을 두면서도 오히려 슬픔이나 울분을 더 많이 보이는 것도 그 때문이다.

기생들은 유교정신에 기초하여 정절을 실천하고자 하는 '열'에 이어 국가적 '충'과 가정적 '효'에도 관심을 갖고 도리를 다하고

자 하였다. 어느 나라보다 국난이 많았던 우리 역사에 충성과 의리를 보여준 기생은 이루 헤아릴 수 없이 많다. 무엇보다 사회적 책임이나 도덕적 의무가 부과되지 않는데도 자발적으로 참여했다는 점에서 높이 평가된다. 한편 유교 문화 속에서 살아온 많은 기생들에게는 기본적으로 부모에 대한 효성이 지극하였다.

이화형 교수의 기생 이야기 ❶

꽃이라 부르지 마라